# ORIGAMI

## FALTE DEIN EIGENES POKÉMON!



3. Auflage 2025

Pokémon: Origami – Falte dein eigenes Pokémon!
Deutschsprachige Ausgabe 2023 durch die Panini Verlags GmbH,
Schloßstraße 76, 70176 Stuttgart
gprs@panini.de
Verlagsleitung: Gabriele El Hag
Chefredaktion: Nicole Hoffart
Redaktion: Lea Both
Übersetzung: Nina Kavelar
Lektorat: Claudia Weber
Produktion: Print Company Verlagsges.m.b.H.
Druck: Florjančič Tisk D.o.o, Maribor, Slowenien
ISBN 978-3-8332-4373-8

Die Deutsche Nationalbibliothek verzeichnet diese Publikation in der Deutschen Nationalbibliografie; detaillierte bibliografische Daten sind im Internet über http://dnb.d-nb.de abrufbar.

Englischsprachige Originalausgabe 2015 mit dem Titel
„Pokémon ORIGAMI – FOLD YOUR OWN POKÉMON".
Published in the United States by The Pokémon
Company International, 10400 NE 4th Street, Suite 2800,
Bellevue, WA 98004 USA (www.pokemon.com).


**Publisher:** Heather Dalgleish
**Publishing Manager:** Amy Levenson
**Editor:** Wolfgang Baur
**Art Director:** Eric Medalle
**Cover Designer:** Chris Franc
**Merchandise Development Director:** Phaedra Long
**Merchandise Development:** Hank Woon
**Project Manager:** Emily Luty

IVY PUBLISHING LTD
**Origami Designer:** Janessa Munt
**Text and step illustrations:** David Mitchell
**Background illustrations:** Sarah Skeate
**Designer:** Andrew Milne
**Photographer:** Andrew Perris
**Art Director:** James Lawrence
**Editorial Director:** Tom Kitch

PRODUCED BY
**Ivy Publishing Ltd**
210 High Street, Lewes
East Sussex BN7 2NS, UK
www.ivypress.co.uk

# So ist das Buch aufgebaut:

Die Papierbogen zum Falten der Pokémon-Figuren befinden sich auf den Seiten 49-80. Da sich dieses Buch an ganz normale Leute richtet und nicht an Origami-Meister mit fünf Händen und Spinnenfingern, sind die Figuren so einfach wie möglich aufgebaut und bestehen manchmal aus mehr als nur einem Bogen Papier.

Die Reihenfolge der Anleitungen orientiert sich am Schwierigkeitsgrad. Die leichtesten Projekte stehen direkt am Anfang, und die schwierigsten am Ende des Buchs. Natürlich kannst du direkt mit Evoli beginnen, aber es wäre sinnvoller, zuerst Mampfaxo zu falten und mit Evoli zu warten, bis du ein bisschen mehr Übung und Geschick im Origami-Falten hast.

Bei jeder Anleitung steht dabei, welcher Papierbogen zur jeweiligen Figur gehört. Auf der Rückseite jedes Bogens befindet sich ein aufgedrucktes Sternchen, das kennzeichnet, welche Seite des Papiers zu Beginn des Faltens nach oben zeigen soll. Von da an folgst du einfach Schritt für Schritt der Anleitung.

# Und so funktionieren die Anleitungen:

**Die Origami-Anleitungen bestehen aus Bildern, die dir das Falten zeigen, und Anweisungen, die dir sagen, wie du vorgehen musst, um die Pokémon-Figuren zu falten.**

**Die folgenden drei Anleitungsschritte erklären dir in Bildern und Worten, wie du eine einfache Faltung, also einen Falz, machst:**

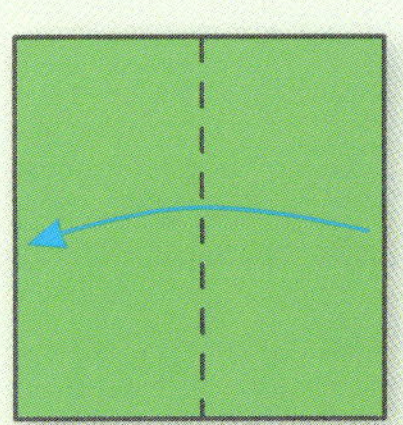

1 Das Papier entlang der gestrichelten Linie von rechts nach links falten.

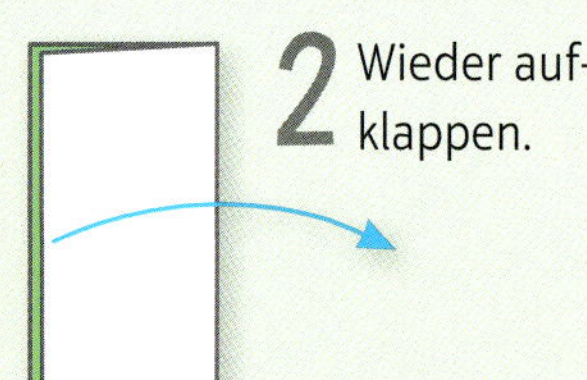

2 Wieder aufklappen.

3 Fertig!

**Damit du verstehst, was die Bilder darstellen, musst du wissen, was die Linien, Pfeile und Symbole bedeuten:**

Die Ränder des Papiers sind als durchgehende Linien dargestellt. Die Vorderseite des Bogens ist farbig, und die Rückseite ist weiß. Achte vor und nach jedem Faltschritt immer darauf, dass dein Papier genau so daliegt wie auf dem Bild in der Anleitung.

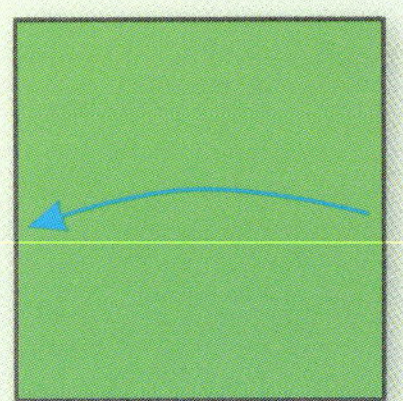

Bild 1 ist eine Faltanleitung aus zwei Teilen: ein Pfeil, der eine Bewegung anzeigt, und eine Falzlinie. Der Pfeil zeigt an, welcher Bereich des Papiers in welche Richtung gefaltet wird und wo er sich danach befindet. Im Beispiel oben zeigt der Pfeil, dass du den rechten Rand des Papiers nehmen und nach links falten musst, sodass er auf dem linken Rand zu liegen kommt. Die zwei Seiten des Papiers sind die Orientierungslinien für diese Faltung, also jene Bereiche (meist Ränder, Ecken oder Falzlinien), die dir helfen, das Papier punktgenau zu falten.

**Die verwendeten Symbole:**

Dieser dicke Pfeil sagt dir, dass du eine Ecke oder eine Faltung umkehren musst.

Dieses Zeichen heißt: das Papier wenden, meistens zur Seite hin.

Dieses Symbol weist darauf hin, dass die nächste Zeichnung einen größeren Maßstab zeigt.

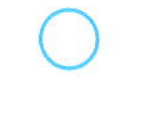
Der Kreis dient zum Hervorheben bestimmter Bereiche, auf die im Anleitungstext hingewiesen wird.

Dieses Zeichen sagt dir, dass hier Klebstoff zum Einsatz kommt.

Dieses Zeichen gibt an, dass du eine Schere brauchst.

Dieses Symbol sagt dir, wann du Klebeband benötigst.

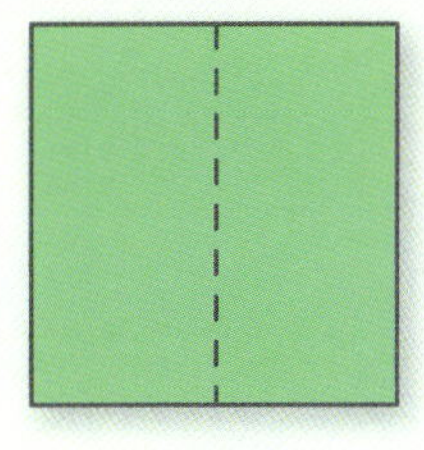

Die gestrichelte Linie zeigt dir, wo der Falz entstehen soll. Jeden Falz, den du machst, musst du auch glatt streichen. Dazu drückst du das Papier nach dem Falten am besten erst mit der Hand flach, dann streichst du mit dem Fingernagel über den Falz. Wenn aus dem Knick im Papier eine scharfe Kante wird, bleibt der Falz dauerhaft im Papier.

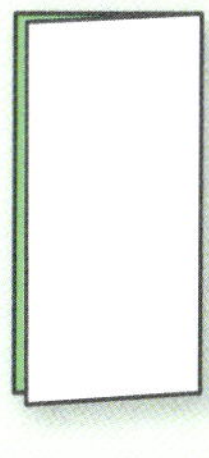

Bild 2 zeigt dir, wie dein Papier nach der ersten Faltung aussehen soll. Kanten, die bündig übereinanderliegen, werden in der Anleitung manchmal leicht versetzt dargestellt, damit du beide Lagen des Papiers sehen kannst. Ist es nicht wichtig, sie zu sehen, wird nur die vordere Kante gezeigt. Lass dich davon jetzt aber nicht verwirren.

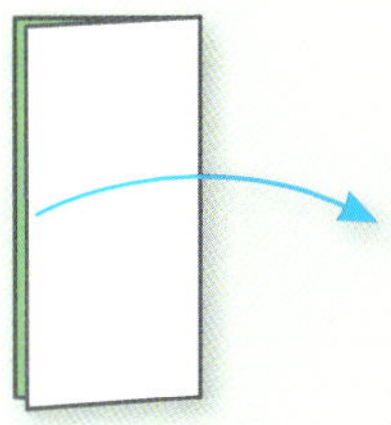

Manchmal wird nur ein Richtungspfeil gezeigt und keine Falzlinie. Das heißt, dass du einen Falz, den du schon gemacht hast, wieder öffnest. Jedes Bild einer Anleitung (außer dem ersten und dem letzten) ist gleichzeitig das „Nachher" des vorhergehenden Schrittes und das „Vorher" für den folgenden Schritt. Schritt 2 zeigt dir also das Ergebnis der Anweisungen von Schritt 1 und gibt dir weitere Anweisungen, die zu Schritt 3 führen.

Die durchgezogene dünne Linie in Bild 3 zeigt den Falz, den du in Schritt 1 gemacht hast. Schau immer einen Schritt voraus, wenn du nach der Anleitung vorgehst, damit du schon vor dem Falten weißt, wie das Papier danach aussehen soll.

**Hier sind noch ein paar weitere Hinweise, die dir helfen, den Anleitungen besser zu folgen:**

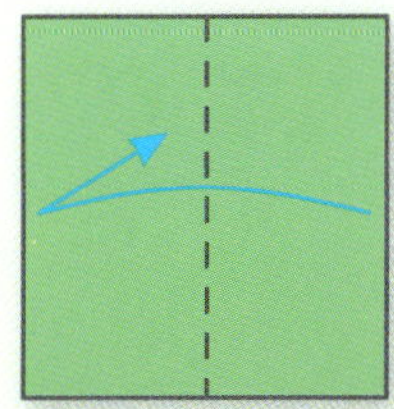

Diese Version des Richtungspfeils bedeutet, dass du das Papier entlang der gestrichelten Linie von rechts nach links faltest, glatt streichst und dann wieder aufklappst.

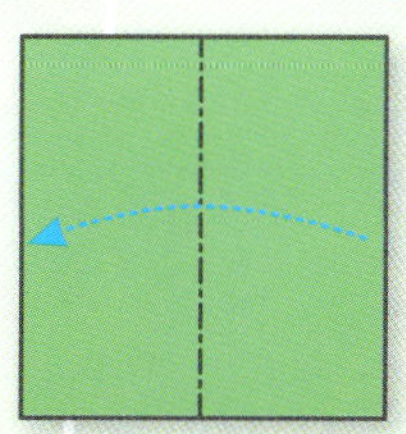

Eine Strichpunktlinie mit einem gepunkteten Richtungspfeil bedeutet, dass du das Papier von dir weg, also nach hinten falten sollst. In diesem Beispiel würdest du die rechte Hälfte nach hinten falten, sodass sie unter der linken Hälfte liegt, und dann glatt streichen.

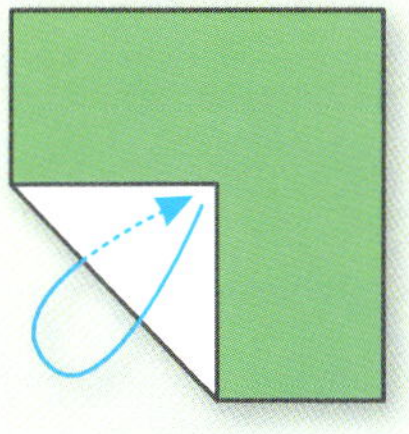

Diese Zeichnung bedeutet, dass du das weiße Dreieck nach hinten klappen sollst, also gegen den bestehenden Falz, der dann wie ein Scharnier funktioniert.

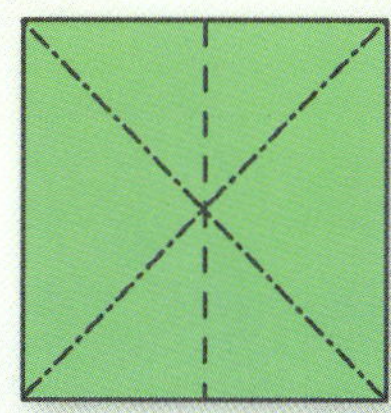

Manchmal werden verschiedene Falzlinien gezeigt, damit du siehst, dass mehrere Falze vorhanden sind. Die gestrichelte Falzlinie wurde vorne gefaltet, die Strichpunktfalzlinie nach hinten.

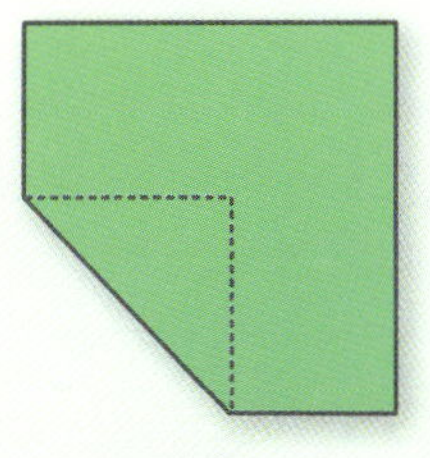

Gepunktete Linien zeigen verdeckte Kanten, Ränder oder Falzlinien an. Manchmal zeigen sie dir auch, wie das Papier aussehen soll, nachdem du eine Faltung gemacht hast. Das Beispiel hier zeigt, wie das Papier aussieht, nachdem du das weiße Dreieck im Bild darüber nach hinten gefaltet hast.

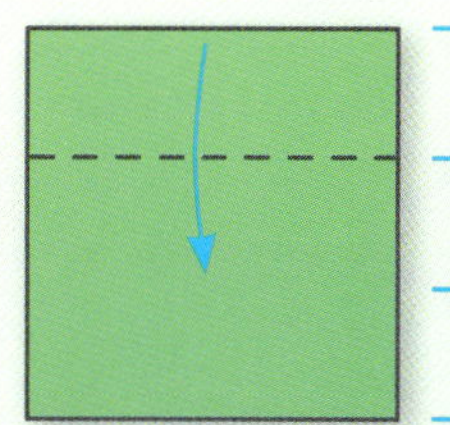

Das Klammersymbol weist darauf hin, dass du dir das Papier in mehrere gleiche Abschnitte geteilt vorstellen sollst, damit du weißt, in welchem Bereich du falten musst. Im gezeigten Beispiel würdest du die Oberseite nach dem ersten Drittel des Blatts nach unten falten. Meistens muss diese Aufteilung aber nicht ganz genau sein.

# Pikachu

Pikachu ist mutig und schnell wie der Blitz. Dieses Pokémon stellt sich jeder Herausforderung. Sein gezackter Schweif und sein rundlicher Kopf mit den Pausbacken sind relativ einfach zu falten. Starte damit, und schon bald blickt dir dieses bekannte Gesicht entgegen!

**TYP:** Elektro **GRÖSSE:** 0,4 m **GEWICHT:** 6,0 kg

# So faltest du Pikachu

**Pikachu besteht aus einem Bogen Papier. In Schritt 13 wird ein Teil für den Schweif abgeschnitten.**

**Den Pikachu-Bogen findest du auf Seite 49. Lege ihn so hin, dass die weiße Seite zu sehen ist und das Sternchen nach oben zeigt.**

1 In der Mitte nach links falten und das Papier aufklappen.

2 In der Mitte nach oben falten und wieder aufklappen.

3 Die zwei unteren Seiten wie gezeigt zur Mitte falten und aufklappen.

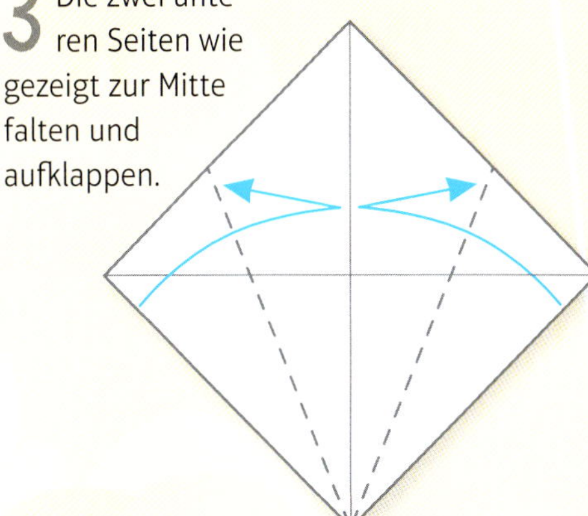

4 Auch die zwei oberen Seiten so zur Mitte falten. Diesmal aber nicht aufklappen.

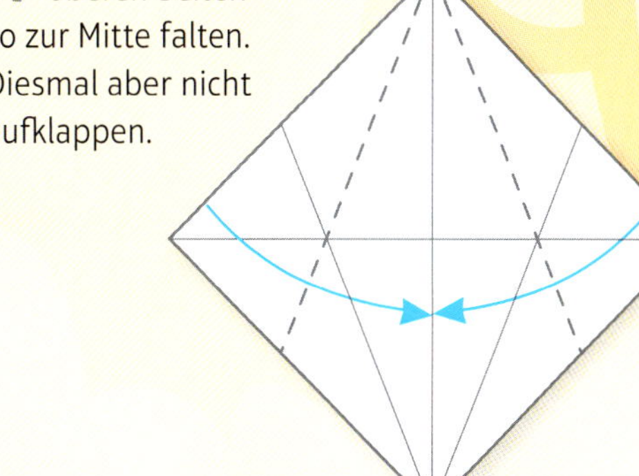

5 Die obere Spitze zur unteren falten und wieder aufklappen.

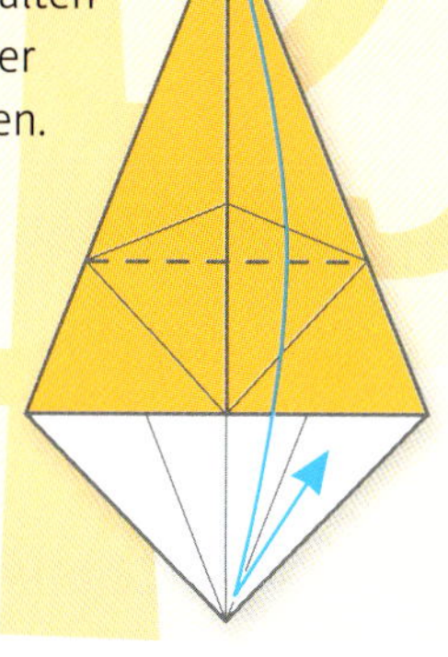

6 Den unteren Teil der oberen Lage rechts entlang der Falte, die du in Schritt 5 gemacht hast, hochklappen und den äußeren Rand nach innen drücken. Das Papier sollte aussehen wie auf Bild 7.

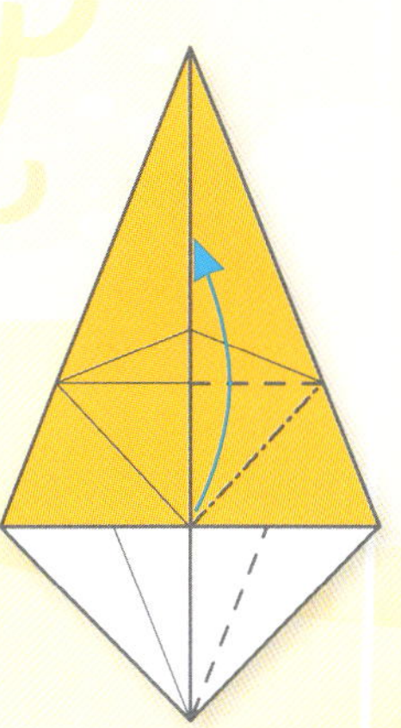

7 Schritt 6 nun auf der linken Seite des Papiers wiederholen.

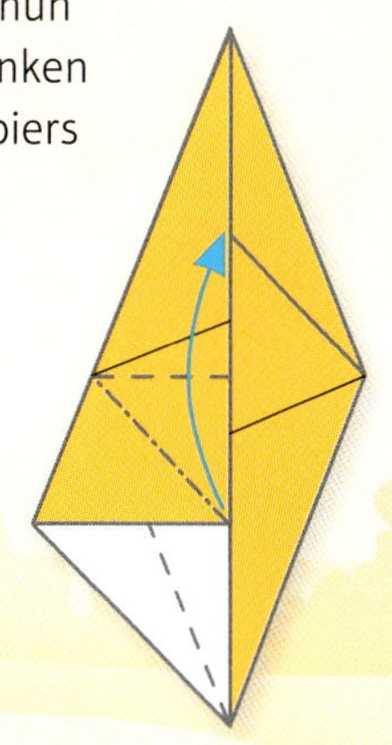

8 Die Kante links unten so nach oben falten, dass sie durch die mit dem Kreis markierte Ecke verläuft. Das Papier soll nun so aussehen, wie auf Bild 9 gezeigt.

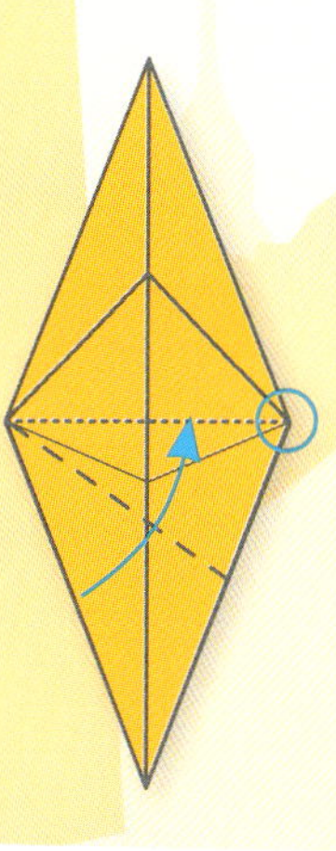

9 Wieder öffnen.

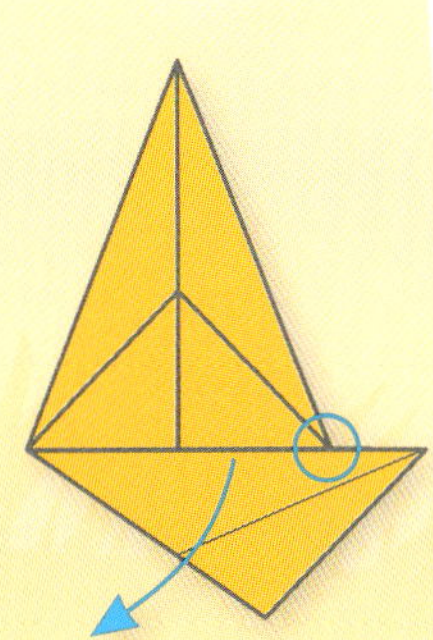

10 Schritt 8 nun auf der anderen Seite wiederholen.

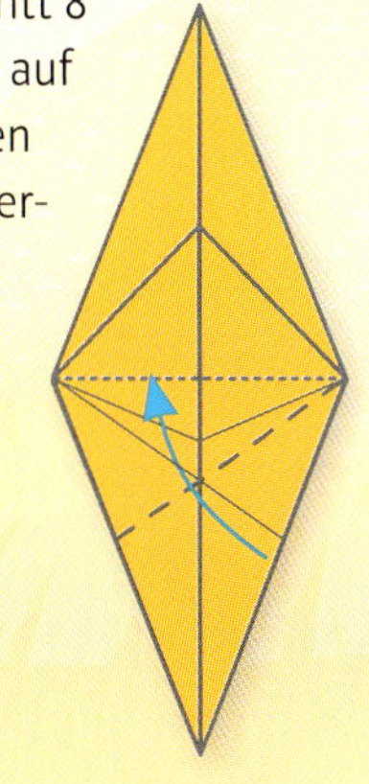

11 Die oberste Lage über die Mitte nach rechts falten und flach drücken. Das Ergebnis soll aussehen wie auf Bild 12.

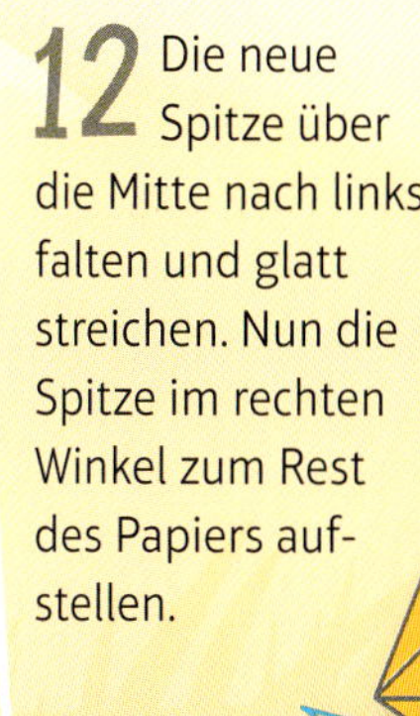

12 Die neue Spitze über die Mitte nach links falten und glatt streichen. Nun die Spitze im rechten Winkel zum Rest des Papiers aufstellen.

**13** Vorsichtig entlang der gepunkteten Linie schneiden und die hochstehende Spitze entfernen. Sie wird der Schweif von Pikachu.

**14** Die zwei mittleren Spitzen nach unten falten.

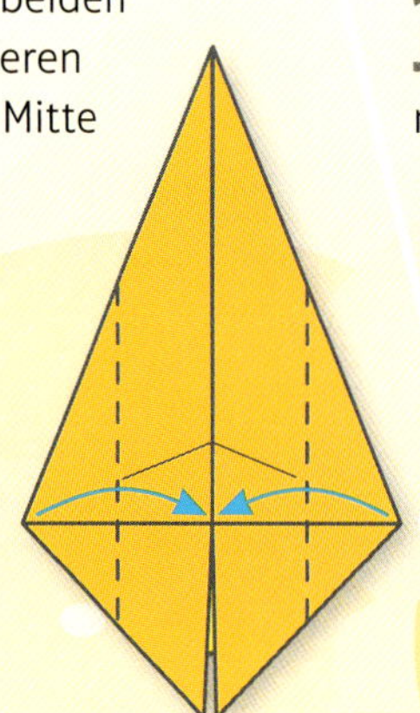

**15** Die beiden äußeren Ecken zur Mitte falten.

**16** Das Papier der Länge nach wenden.

**17** Die obere Spitze nach unten falten. Dabei soll die obere linke Ecke am linken Ende der Falte aus Schritt 2 zu liegen kommen. (Im Bild sind beide Punkte mit Kreisen markiert.)

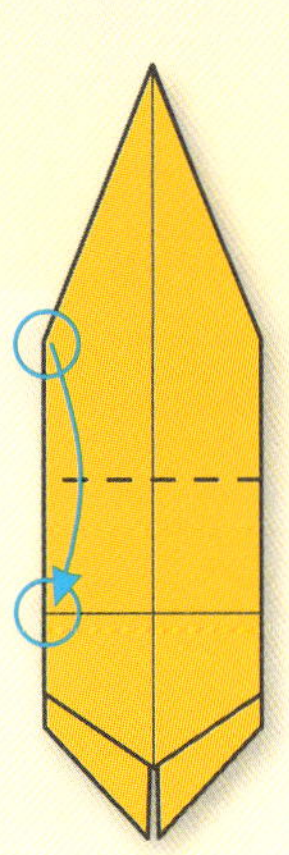

**18** Die neue untere Spitze nun nach oben falten. Der Falz soll ungefähr nach dem ersten Drittel der obersten Lage entstehen.

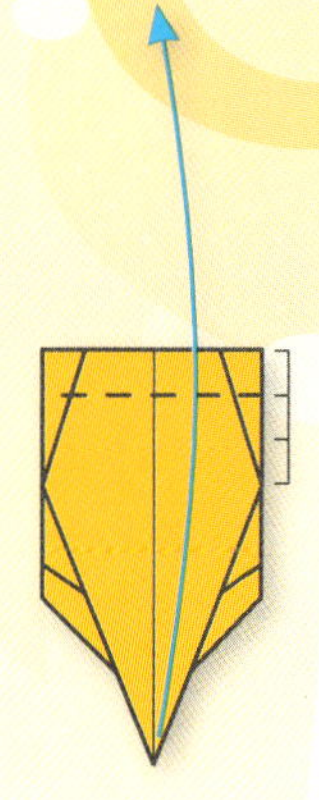

**19** Die beiden unteren Ecken der obersten Lage zwischen den anderen Lagen nach innen drücken.

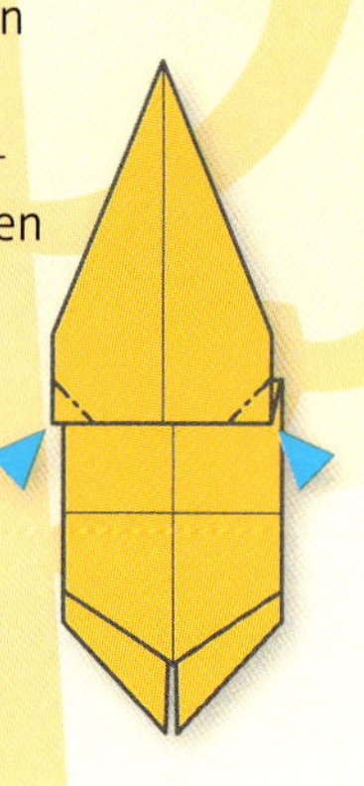

**20** So sollte es nun aussehen. Das Papier der Länge nach wenden.

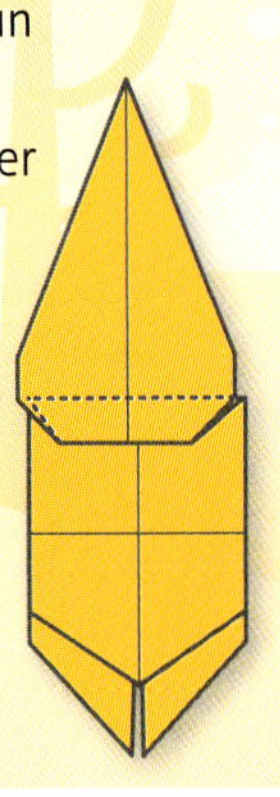


**21** Die zwei oberen Ecken der oberen Lage nach innen falten.

**22** Die obere Spitze nach unten falten, wie auf Bild 23 gezeigt. Die unteren beiden Spitzen umknicken, um die Füße abzurunden.

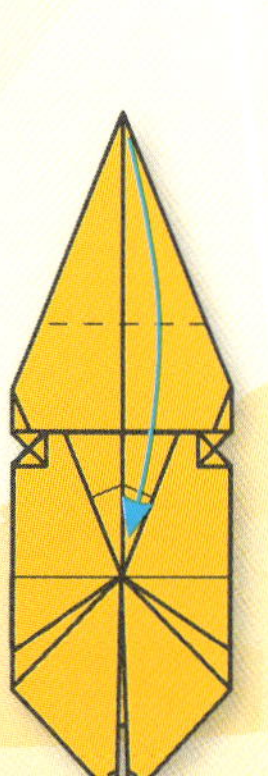

**23** Den Falz entlang der gepunkteten Linie durchschneiden, um die Ohren zu teilen. Die Füße wie gezeigt nach oben falten.

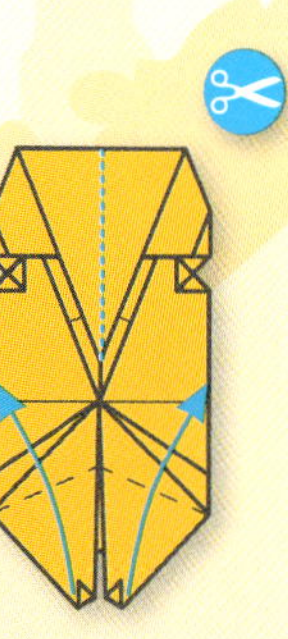

**24** Die zwei oberen Ecken minimal umknicken, um den Kopf abzurunden. Die untere Spitze wie gezeigt nach oben falten und fest glatt streichen.

**25** Das rechte Ohr nach rechts oben, das linke nach links außen falten (siehe Bild 26). Die unteren Ecken rechts und links so nach innen klappen, dass sie mit der Papierschicht darunter bündig abschließen.

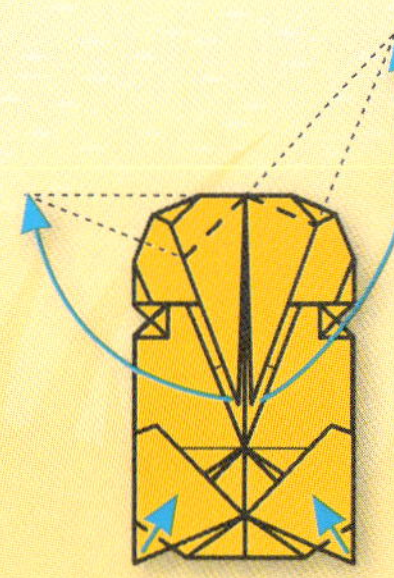

**26** Die Füße so weit, wie es möglich ist, nach unten falten.

**27** Das Papier der Länge nach wenden.

Wenden.

**28** Das Papier zwischen den Füßen nach hinten und oben drücken. Du wirst spüren, wo du es falten kannst. Um die Falten glatt zu streichen, musst du wahrscheinlich die ganze Figur entlang der Mitte nach hinten klappen. Pass dabei auf, dass die oberste Lage des Papiers nicht einreißt.

**29** Nun ist Pikachus Körper fertig.

## So faltest du den Schweif:

**30** Nimm das Stück Papier, das du in Schritt 13 abgeschnitten hast. Öffne es und falte dann die langen Außenkanten zur Mitte hin.

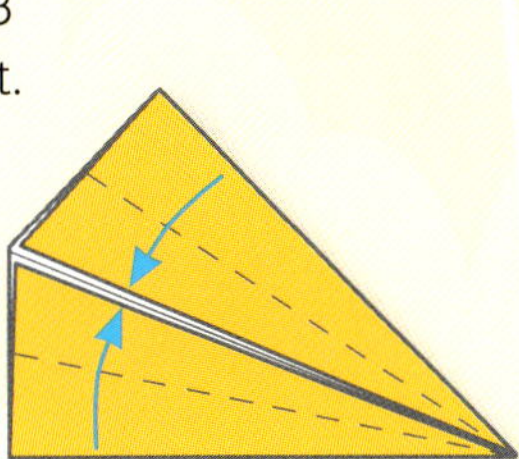

**31** Dann längs in der Mitte nach unten falten.

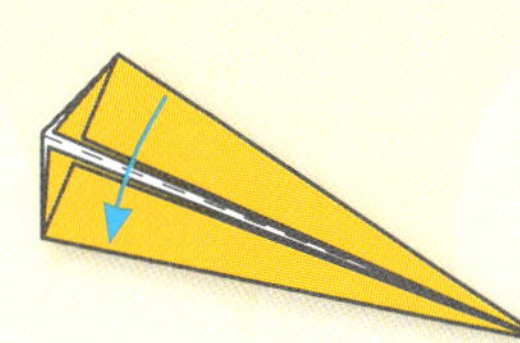

**32** Knicke die Spitze so um, dass sie nach unten zeigt. Die gepunkteten Linien geben dir die richtige Position vor.

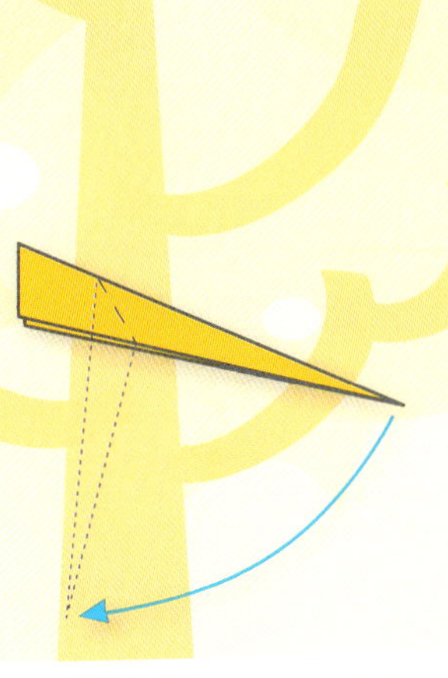

**33** Die Spitze nun zur rechten Seite falten. Orientiere dich auch hier wieder an den gepunkteten Linien.

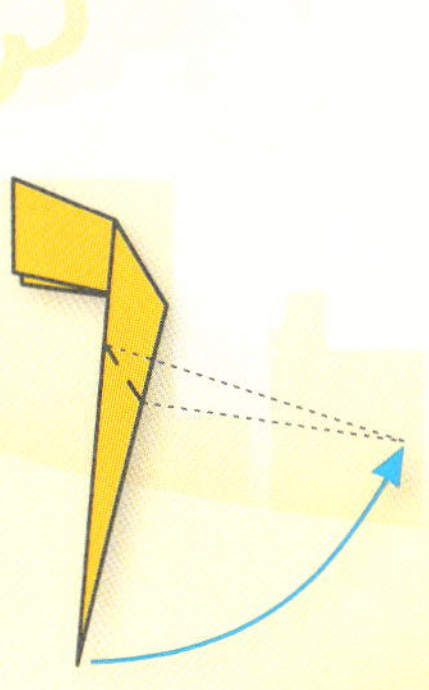

**34** Die Spitze dann wieder nach unten falten. Die gepunkteten Linien zeigen dir auch hier, wie sie danach aussehen soll.

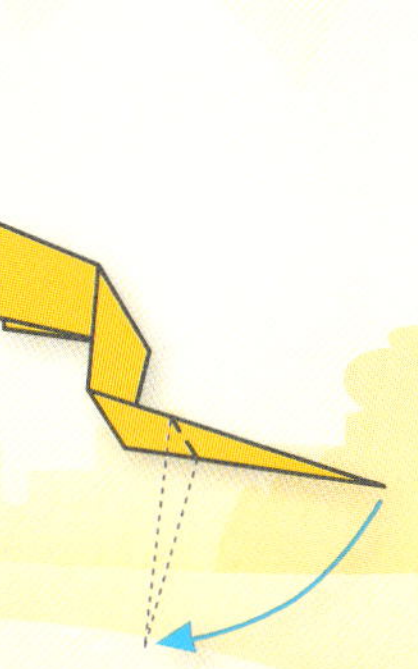

**35** Zuletzt noch einmal die Spitze nach rechts falten, sodass sie so liegt, wie es die gepunkteten Linien vorgeben.

**36** Der Schweif ist fertig.

**37** Befestige nun den Schweif mit einem kleinen Stück Klebeband, wie auf dem Bild gezeigt.

Wenden.

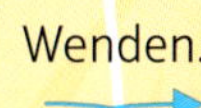

**38** Geschafft! Dein Pikachu ist fertig. Ein echt niedliches Origami-Pokémon, oder?

# Mampfaxo

Mampfaxo ist ein entspanntes Pokémon, das immer Hunger hat. Kein Wunder, dass es so einen runden Bauch hat und sich durch nichts aus der Ruhe bringen lässt! Seine breite Origami-Gestalt erhält ein paar sanfte Rundungen, die gut zu ihm passen.

**TYP:** Normal **GRÖSSE:** 0,6 m **GEWICHT:** 105,0 kg

## So faltest du

# Mampfaxo

**Mampfaxo besteht aus einem Bogen Papier. Dieses Pokémon enthält zwei knifflige Faltungen (Schritte 10 und 11 sowie Schritt 15).**

**Den Mampfaxo-Bogen findest du auf Seite 51. Lege ihn zu Beginn so hin, dass die weiße Seite zu sehen ist und das Sternchen nach oben zeigt.**

1 Das Papier längs in der Mitte falten und aufklappen.

2 Den rechten oberen Teil zur Mitte hin falten.

3 Schritt 2 auf der linken Seite wiederholen.

4 Der Länge nach wenden.

Wenden.

5 Obere Spitze nach unten falten. Öffnen.

6 So soll dein Papier nun aussehen. Wieder wenden.

Wenden.

7 Die untere Spitze wie gezeigt nach oben falten.

8 Die obere Spitze in der Hälfte nach unten falten.

9 Die obere Kante entlang der Falzlinie, die du in Schritt 5 gemacht hast, nach hinten klappen. Die obere Lage mit der Spitze bewegt sich dabei mit nach hinten.

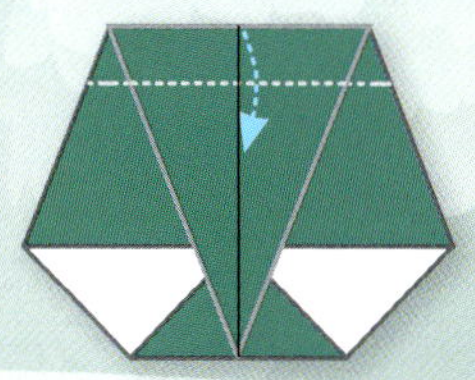

10 Die rechte der beiden Innenseiten vorsichtig nach oben und nach rechts ziehen, bis du sie wie gezeigt flach drücken kannst und sie wie auf Bild 11 zu liegen kommt.

11 Schritt 10 auf der linken Seite der Figur wiederholen.

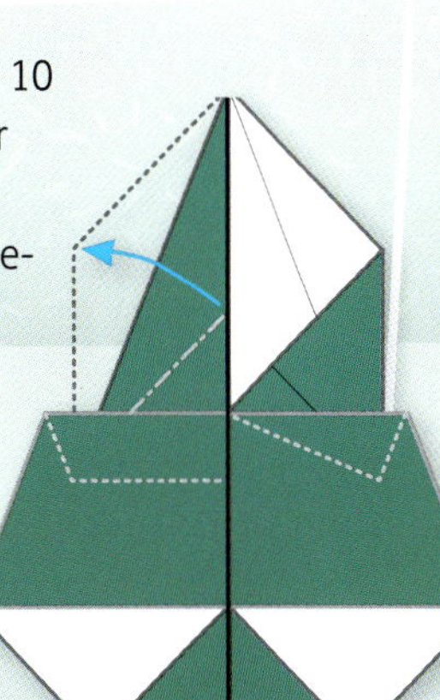

12 So soll dein Papier nun aussehen. Der Länge nach wenden.

Wenden.

**13** Die unteren Ecken der obersten Lage wie gezeigt nach hinten und oben falten.

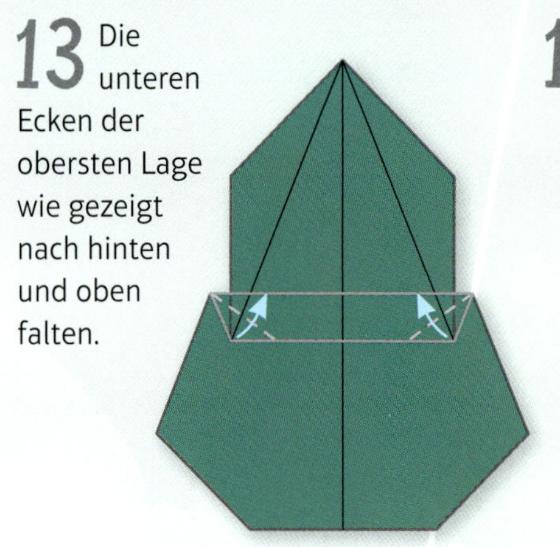

**14** Aufklappen.

**15** Drücke die beiden Ecken nun ganz vorsichtig zwischen die obere und untere Lage des Papiers. Dabei kippst du sie in die Gegenrichtung der Falzlinie aus Schritt 13. Pass auf, dass das Papier dabei nicht einreißt.

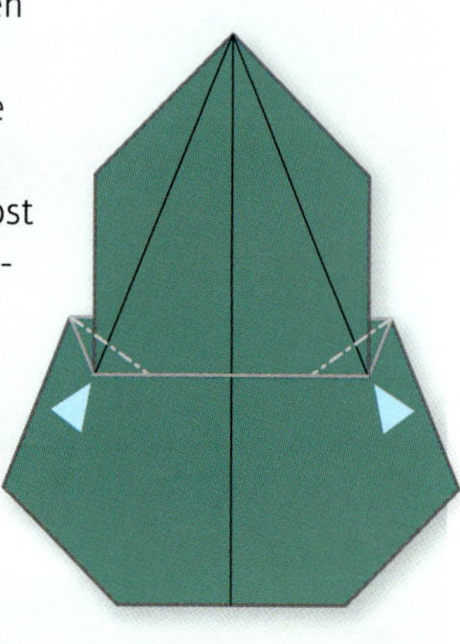

**16** Den oberen Teil in der Mitte nach unten falten.

**17** Dann die obere Spitze entlang der Falzlinie, die du in Schritt 16 gemacht hast, nach hinten klappen.

**18** Der Länge nach wenden.

**19** Die oberste Lage entlang der gepunkteten Linie entzweischneiden. Die untere Spitze nach vorne und unten falten und aufklappen.

**20** Die beiden oberen Ecken wie gezeigt nach innen falten. Die untere Kante zur Falzlinie aus Schritt 19 falten.

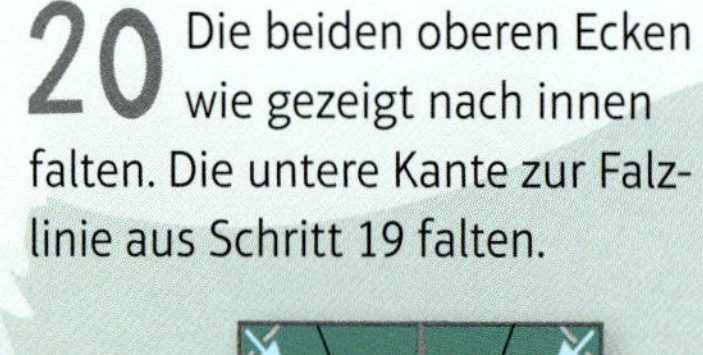

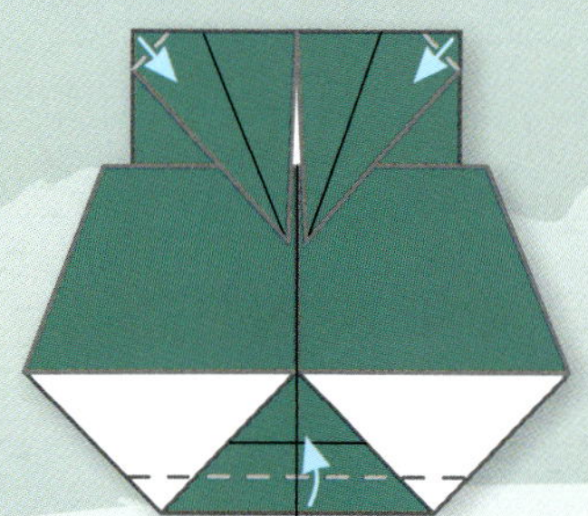

**21** Die Ohren wie gezeigt nach oben falten. Die Falzlinien in der Mitte der Ohren sollten möglichst senkrecht sein (siehe Bild 22).

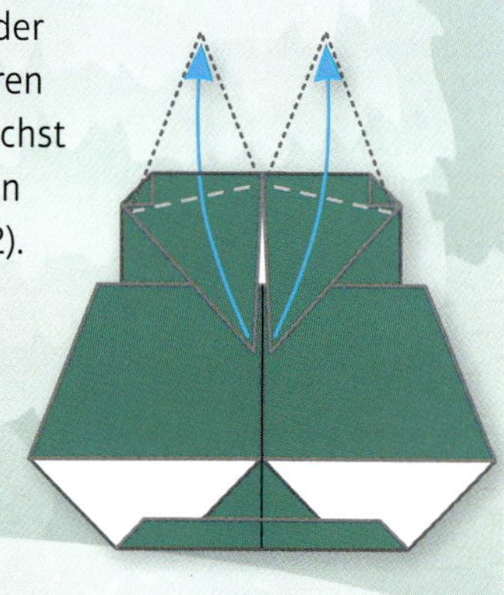

**22** Die zwei äußeren Kanten so weit wie möglich nach innen falten. Achte darauf, dass die Knicke parallel zu den Kanten verlaufen.

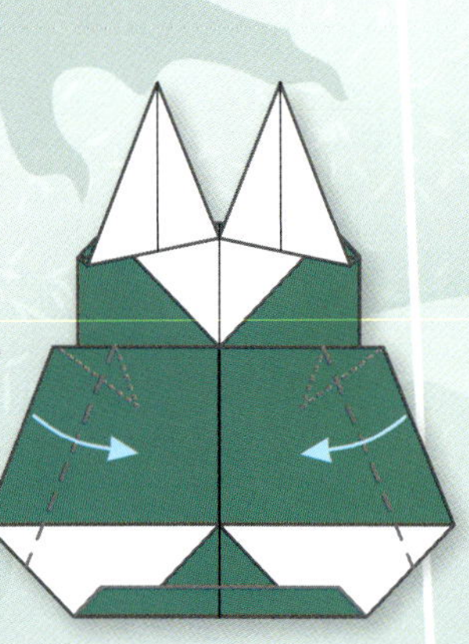

**23** Wenden.

Wenden.

**24** Die Figur entlang des senkrechten Mittelfalzes leicht nach hinten klappen. So halten die einzelnen Lagen besser zusammen. Mampfaxo ist fertig!

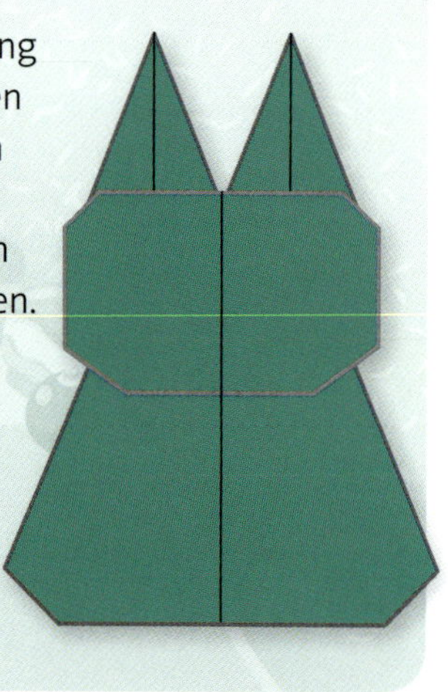

# Fynx

Das feurige Fynx mit den großen Ohren ist schlau wie ein Fuchs. Seine Origami-Version hat die gleichen Farben - du musst es nur noch in Form bringen! Denke daran, alle Kanten fest glatt zu streichen, um deinem Pokémon schöne klare Linien zu geben.

**TYP:** Feuer **GRÖSSE:** 0,4 m **GEWICHT:** 9,4 kg

# So faltest du Fynx

**Fynx besteht aus drei Bogen Papier: einem großen Quadrat für den Kopf und zwei kleinen Quadraten für Körper und Schweif.**

**Die Bogen findest du auf Seite 53.**

## Du beginnst mit dem Körper:

**Lege das kleine Quadrat für den Körper so vor dich hin, dass die weiße Seite zu sehen ist und das Sternchen nach oben zeigt.**

1 In der Mitte nach unten falten.

2 Die rechte Spitze wie gezeigt nach unten falten. Die Falzlinie beginnt nach zwei Dritteln an der oberen Kante. Die nach unten gefaltete Kante verläuft parallel zur linken Schräge.

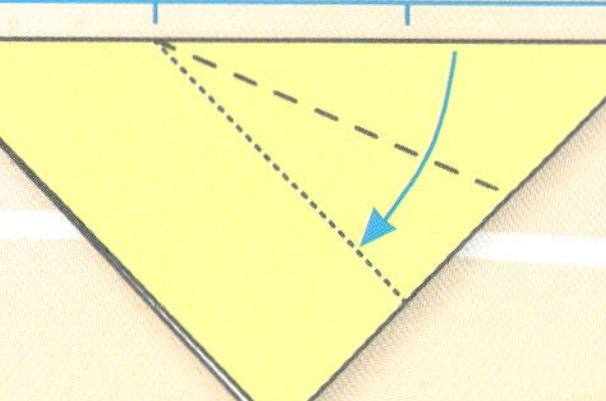

3 Die Spitze rechts unten und die Spitze links oben jeweils wie gezeigt nach innen falten.

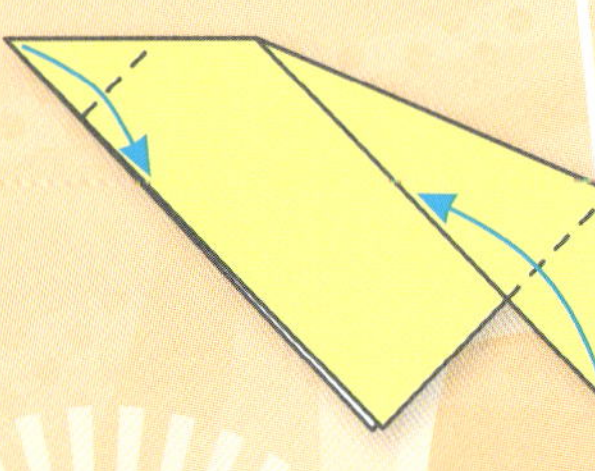

4 Die obere Lage Papier über die Falzlinie aus Schritt 3 so nach hinten klappen, dass sie zwischen den beiden anderen Lagen ist.

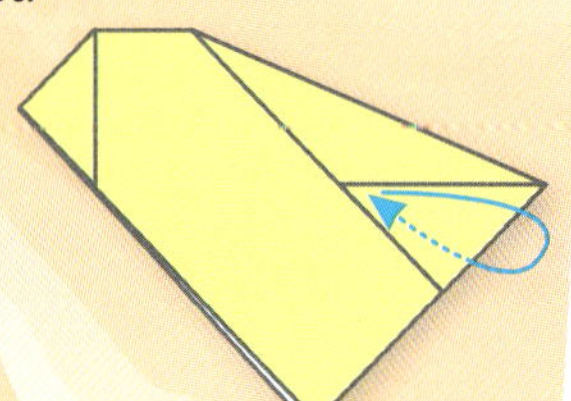

5 Die rechte Kante nach innen knicken, um den Hals zu formen.

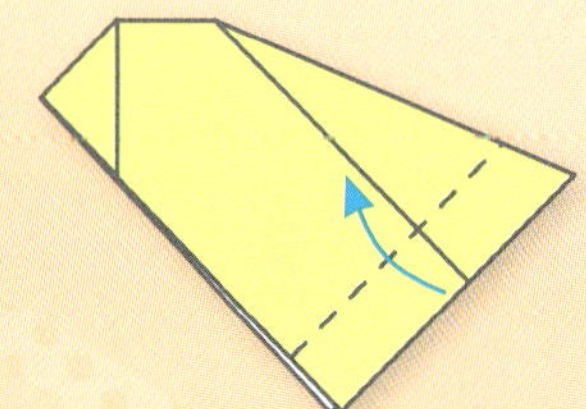

6 Der Körper von Fynx ist fertig.

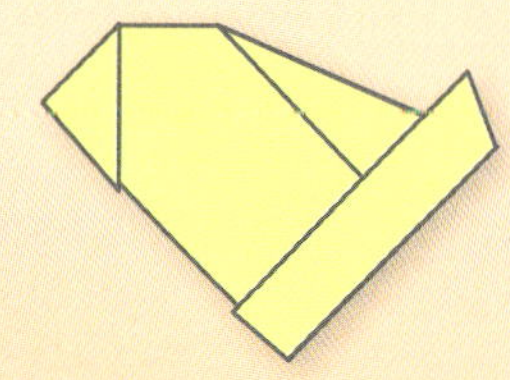

## So faltest du den Schweif:

**Lege das kleine Quadrat für den Schweif so vor dich hin, dass die weiße Seite sichtbar ist und das Sternchen nach oben zeigt.**

7 In der Mitte nach unten falten.

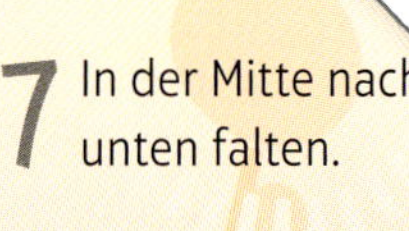

8 Die beiden äußeren Ecken nach unten zur Spitze hin falten.

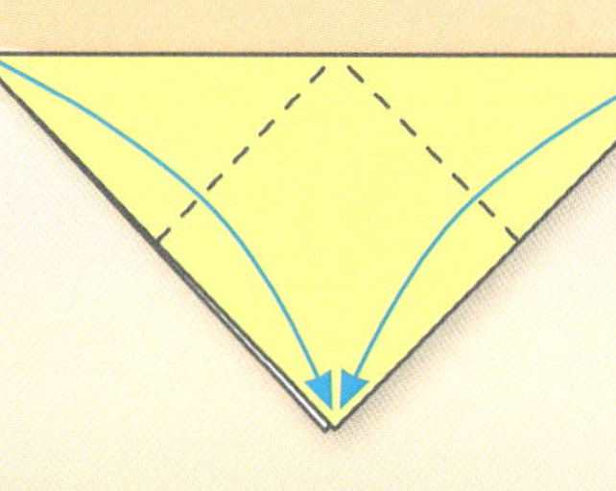

9 So sieht das nun aus. Das nächste Bild zeigt einen größeren Maßstab.

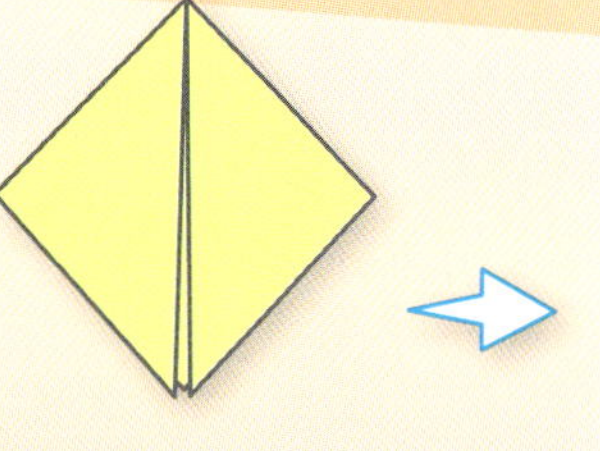

10 Die beiden äußeren Ecken so nach innen falten, dass die Kanten parallel zum Mittelfalz verlaufen.

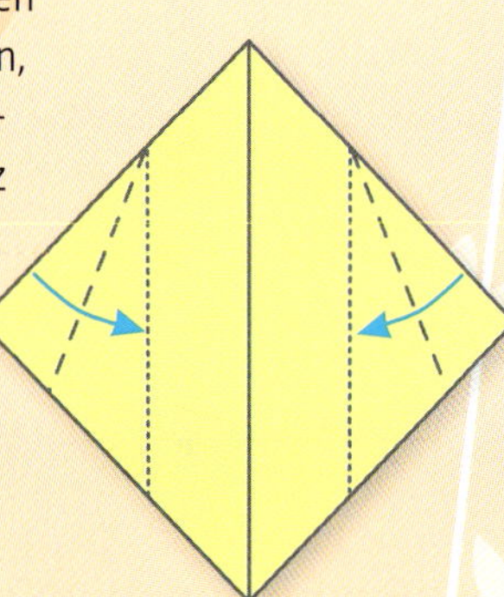

11 Die beiden äußeren Ecken auch so nach innen falten, dass die Kanten parallel zum Mittelfalz verlaufen.

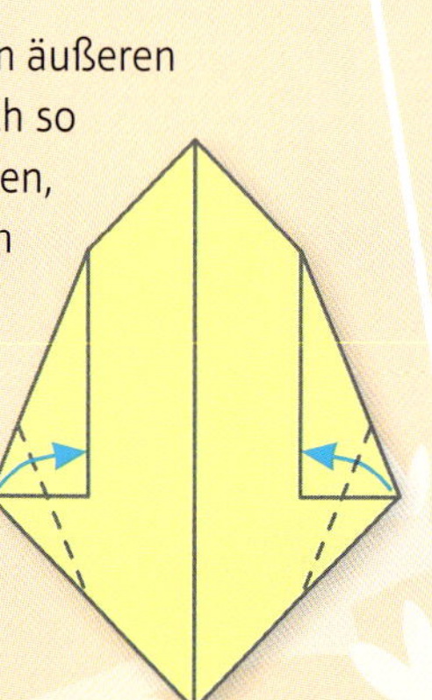

12 Nun ist der Schweif von Fynx fertig.

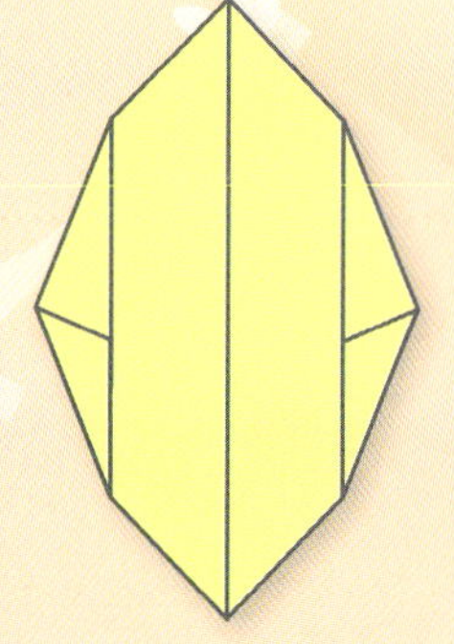

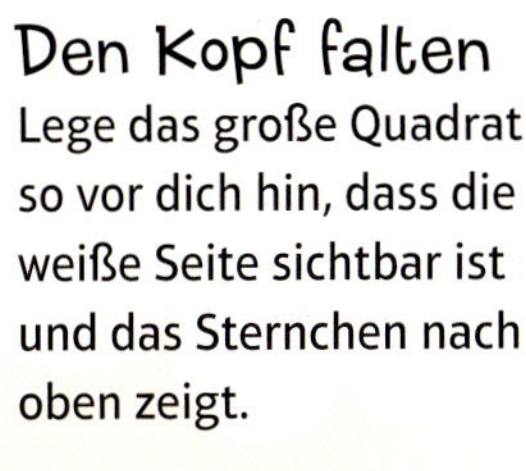

## Den Kopf falten

**Lege das große Quadrat so vor dich hin, dass die weiße Seite sichtbar ist und das Sternchen nach oben zeigt.**

**13** Von rechts nach links falten und aufklappen.

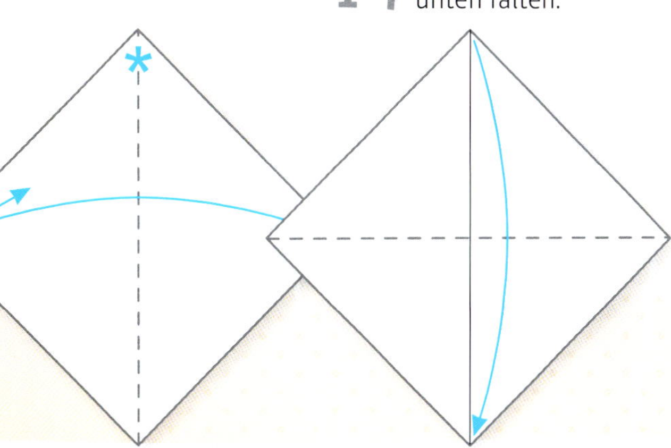

**14** Von oben nach unten falten.

**15** Beide Seiten so nach oben falten, dass die Kanten parallel zum Mittelfalz verlaufen.

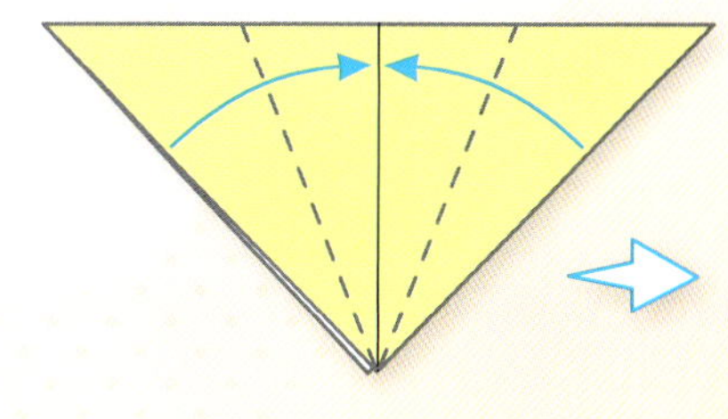

**16** So nach unten falten, dass die obere Spitze über der unteren liegt.

**17** Die obere Hälfte der obersten Lage nach unten falten. Die Spitze, die dabei von hinten nach oben kommt, soll nicht gefaltet werden (siehe Bild 18).

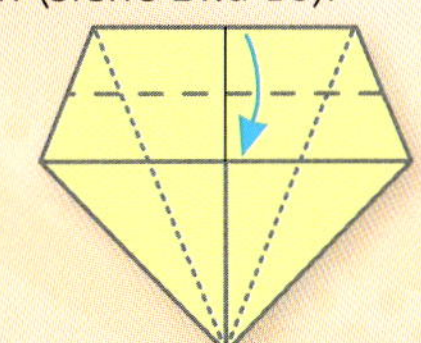

**18** Die linke Ecke wie gezeigt nach innen falten.

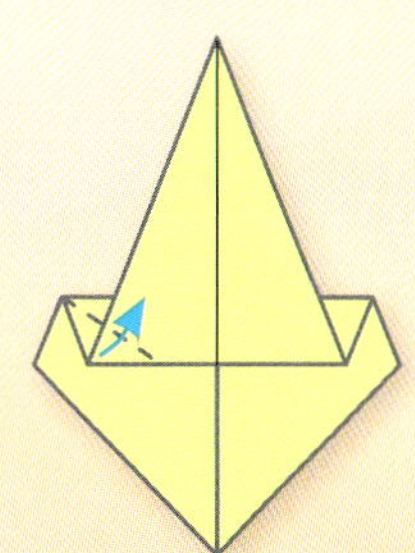

**19** Und wieder aufklappen.

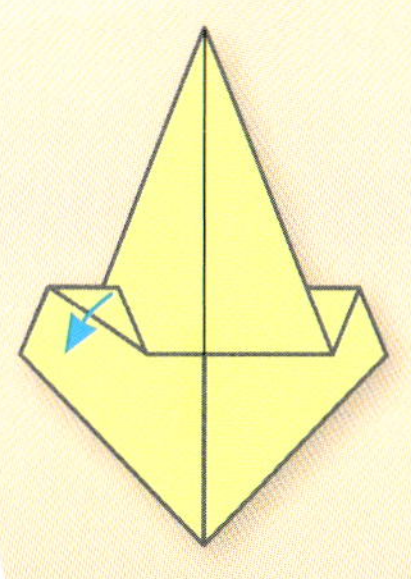

**20** Die Ecke nun so nach innen drücken, dass sie zwischen den beiden Lagen liegt. Dabei wird der Falz aus Schritt 18 zur Kante.

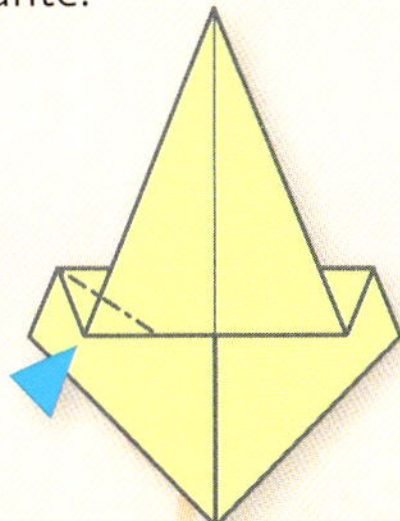

**21** Der Länge nach wenden.

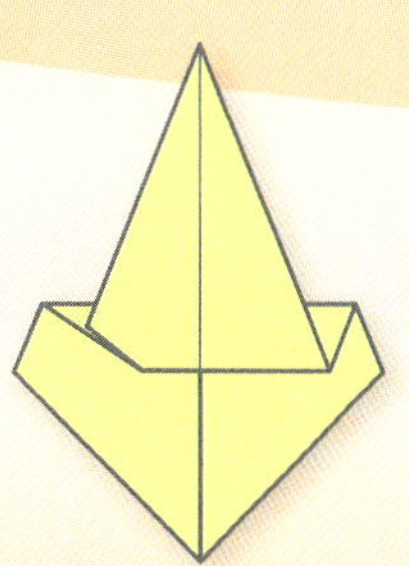

Wenden.

**22** In die oberen Lagen einen kleinen Schnitt entlang der gepunkteten Linie machen.

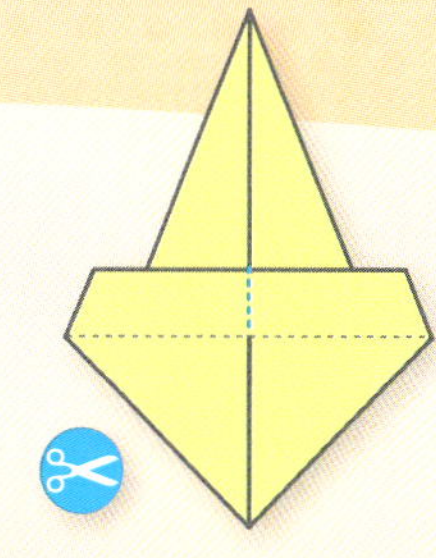

**23** Die obere Lage an der linken Seite in Richtung des Pfeils nach unten ziehen.

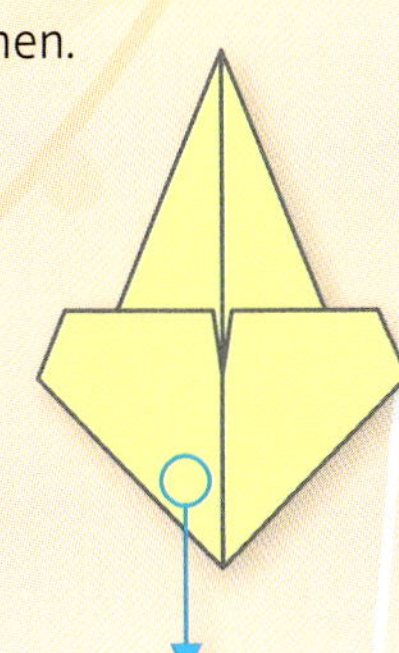

**24** Den linken Teil so nach rechts falten, dass er durch die beiden markierten Stellen verläuft. Er liegt dann so, wie es die gepunkteten Linien anzeigen.

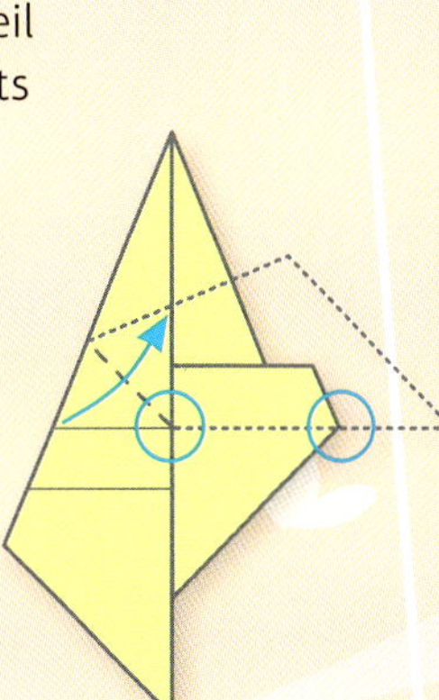

**25** Die rechte Spitze so nach links falten, dass die Kante oben waagrecht und links parallel zur Schräge verläuft.

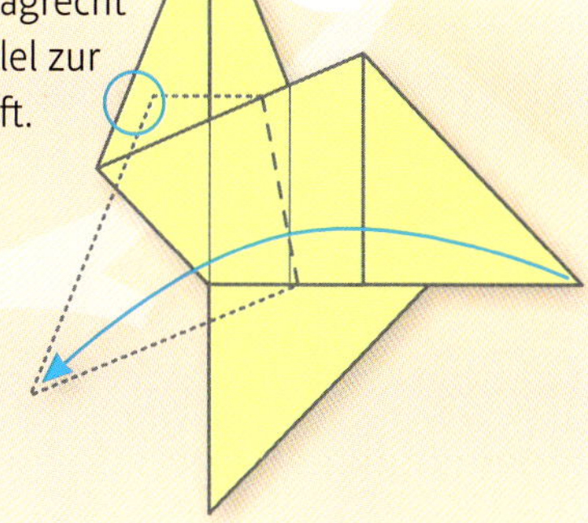

**26** Die obere Spitze so nach unten falten, dass ihre linke Kante die obere rechte Ecke der obersten Lage gerade so berührt. Dann die rechte Kante des mittleren Teils so weit wie möglich nach innen falten.

**27** In dem Bereich, der mit einem Kreis markiert ist, alle Schichten besonders fest glatt streichen. Die obere Spitze nach oben falten. Das wird die Nase von Fynx. Die linke obere Ecke des mittleren Teils wie gezeigt nach innen falten, um das Ohr zu bilden.

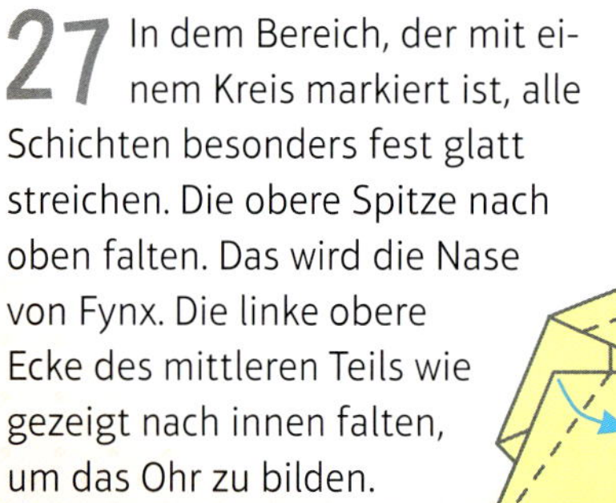

**28** Mit diesem winzigen Knick fängst du an, das Gesicht zu formen.

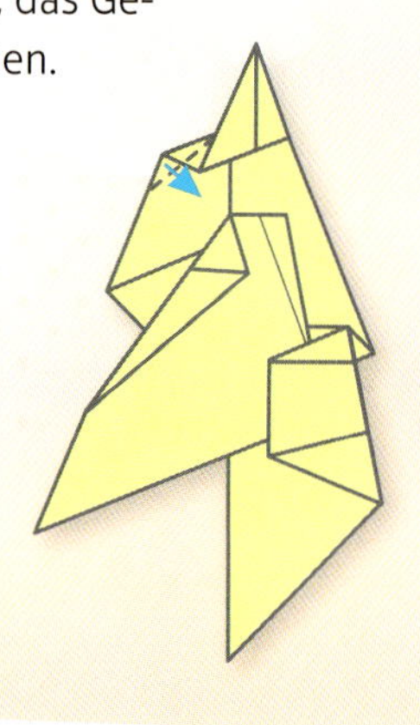

**29** Auch die linke Kante des untersten Teils wird nach innen gefaltet. Damit rundest du das Gesicht ein wenig ab.

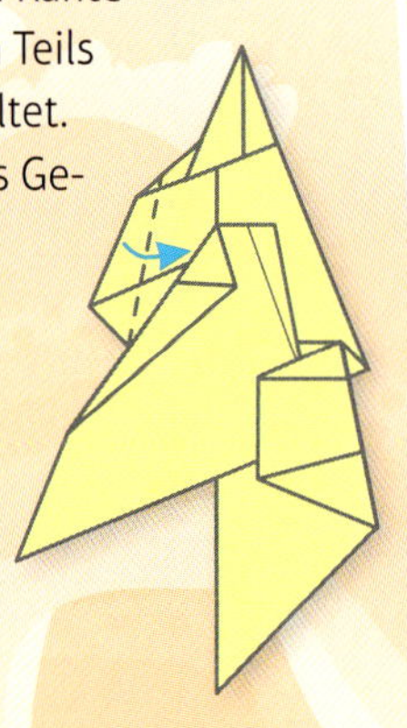

**30** So sieht das Ergebnis aus. Der Länge nach wenden und um 90° nach links drehen. Bild 31 zeigt dir, wie das aussehen soll.

**31** Nun hast du auch den Kopf von Fynx fertig gefaltet.

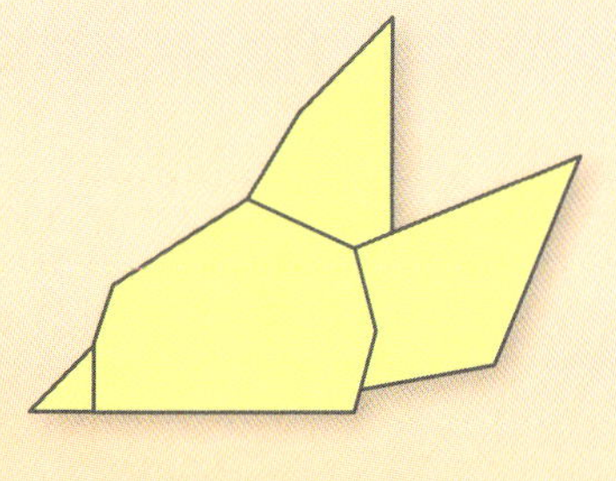

## So setzt du die Teile zusammen:

**32** Den Schweif mit etwas Klebstoff am Körper befestigen. Der Kreis markiert den Punkt, auf den der Klebstoff aufgetragen wird.

**33** Nach rechts wenden.

**34** Einen Klecks Klebstoff auf den Hals geben und den Kopf andrücken – der Kreis zeigt dir, wohin genau der Klebstoff kommt.

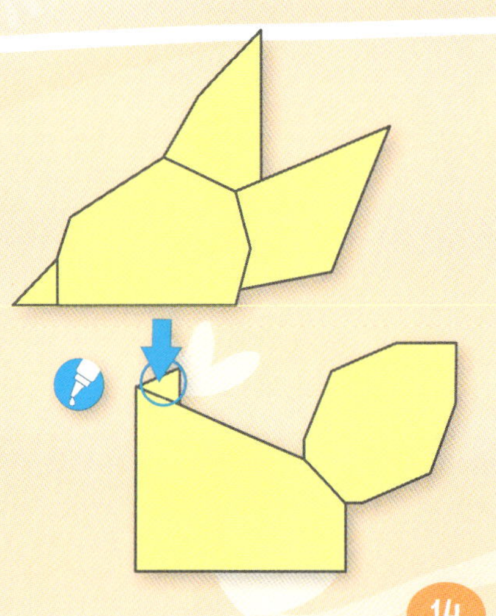

**35** Fynx ist nun fertig.

# Zurrokex

Zurrokex verteilt gern Kopfnüsse und sieht mit seinem schrumpeligen Unterkörper oft etwas zerlumpt aus. Das ist deine Chance, den kleinen Rüpel fein säuberlich zu falten!

**TYP:** Unlicht/Kampf **GRÖSSE:** 0,6 m **GEWICHT:** 11,8 kg

# So faltest du Zurrokex

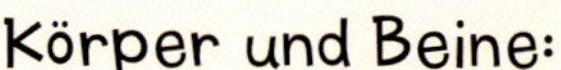

Zurrokex besteht aus drei Bogen Papier: ein großes Quadrat für Körper und Beine sowie zwei kleine Quadrate für Kopf und Schweif.

Die Bogen findest du auf Seite 55.

## Körper und Beine:

Lege das große Quadrat so vor dich hin, dass die farbige Seite sichtbar ist. Die Ecke mit dem Sternchen nach oben drehen. Das Sternchen ist auf der weißen Seite.

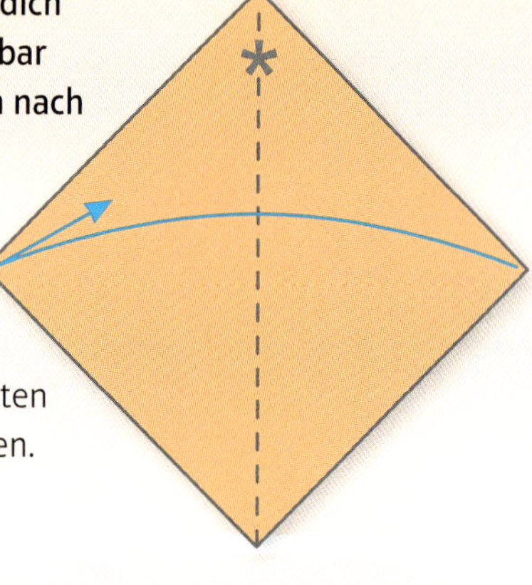


1 Längs in der Mitte falten und wieder aufklappen.

2 In der Mitte nach oben falten und aufklappen.

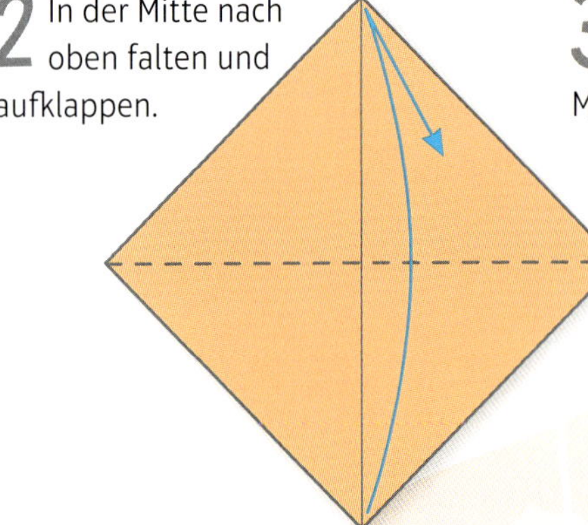

3 Die beiden äußeren Ecken zur Mitte falten.

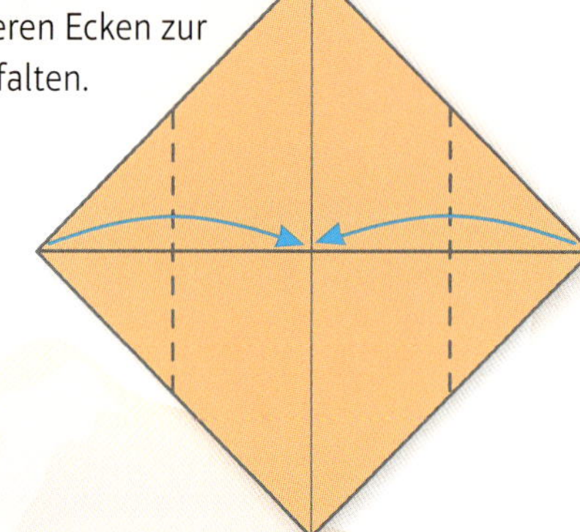

4 Der Länge nach wenden.

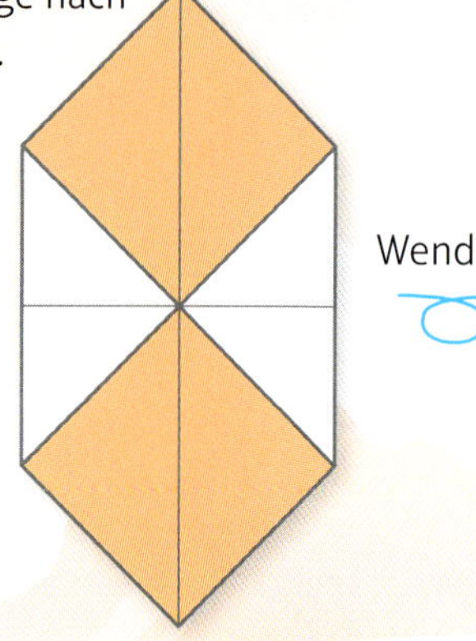

Wenden.

5 Die beiden äußeren Kanten zur Mitte falten. Die Spitzen, die dabei von der Unterseite nach oben kommen, sollen nicht gefaltet werden (siehe Bild 6).

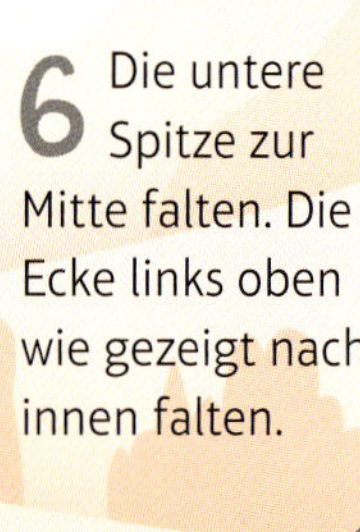

6 Die untere Spitze zur Mitte falten. Die Ecke links oben wie gezeigt nach innen falten.

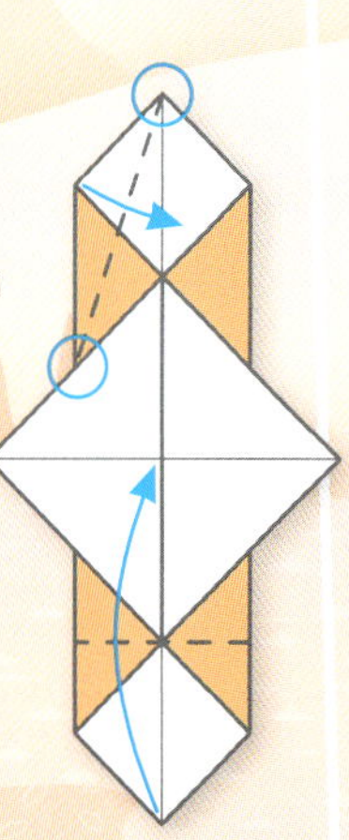

7 Die Ecke rechts oben auf die gleiche Weise nach innen falten.

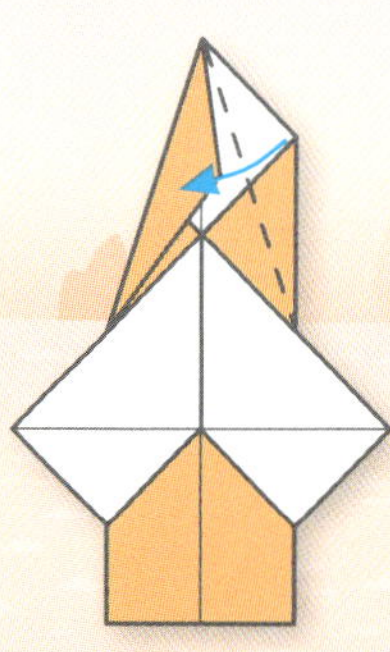

8 Die obere Spitze zur unteren Kante falten.

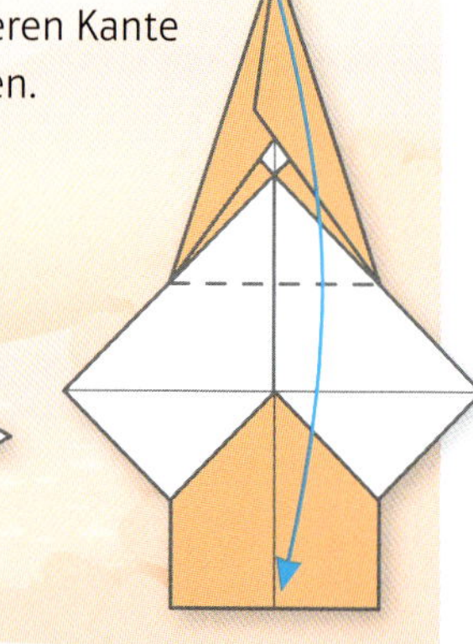

9 Die Spitze nun so nach oben falten, dass der neue Falz direkt auf dem bereits bestehenden Mittelfalz zu liegen kommt.

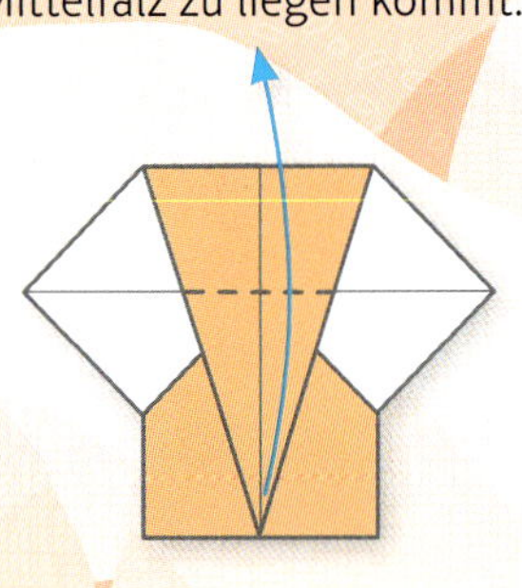

10 Entlang der gepunkteten Linie schneiden, um die Beine zu trennen – aber nur durch die oberste Lage Papier.

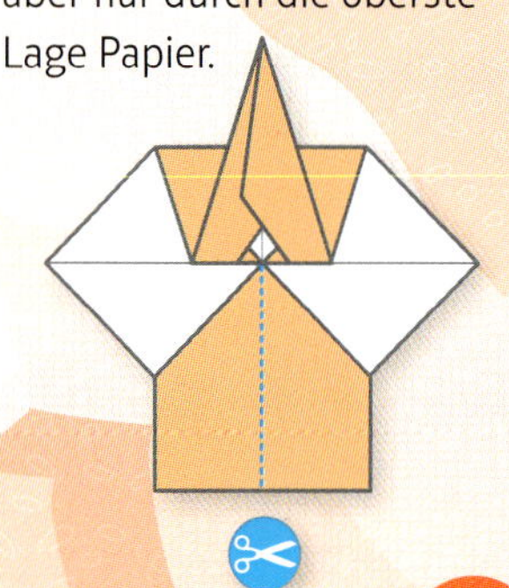

11 Das rechte Bein wie gezeigt nach unten falten. Die rechte Kante des Beins verläuft senkrecht.

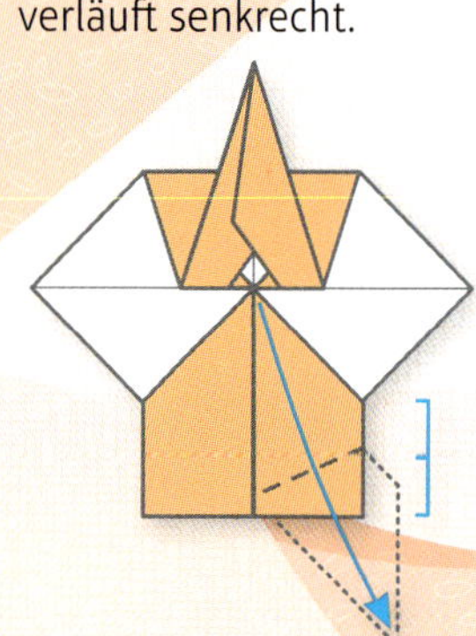

12 Das Papier soll nun so aussehen. Schritt 11 auf der linken Seite wiederholen.

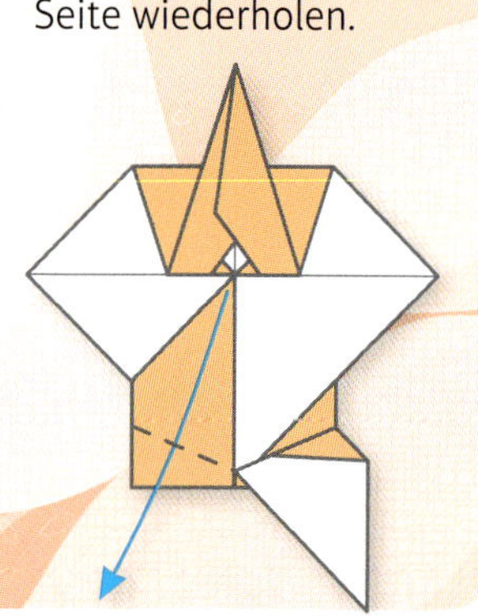

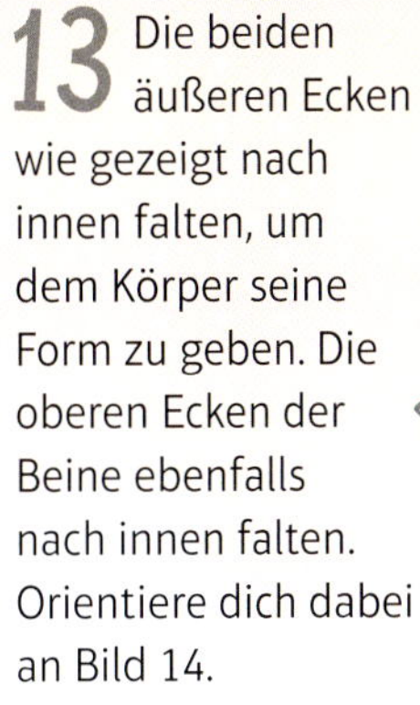

**13** Die beiden äußeren Ecken wie gezeigt nach innen falten, um dem Körper seine Form zu geben. Die oberen Ecken der Beine ebenfalls nach innen falten. Orientiere dich dabei an Bild 14.

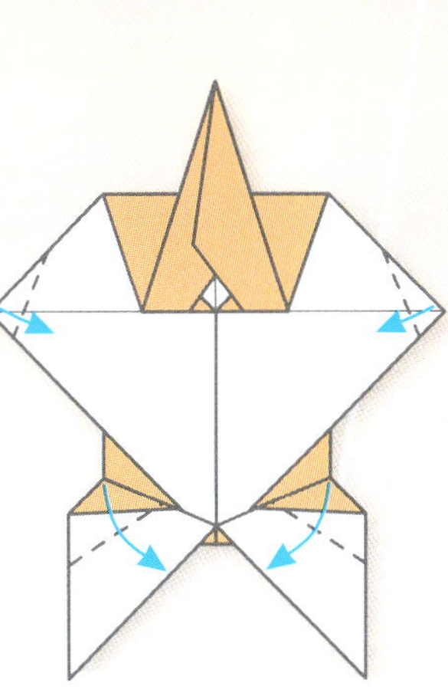

**14** Die Kreise markieren die Ecken der unteren Lage Papier. Die Schultern und die unteren Spitzen wie gezeigt nach innen falten. Damit verleihst du dem Körper den letzten Schliff.

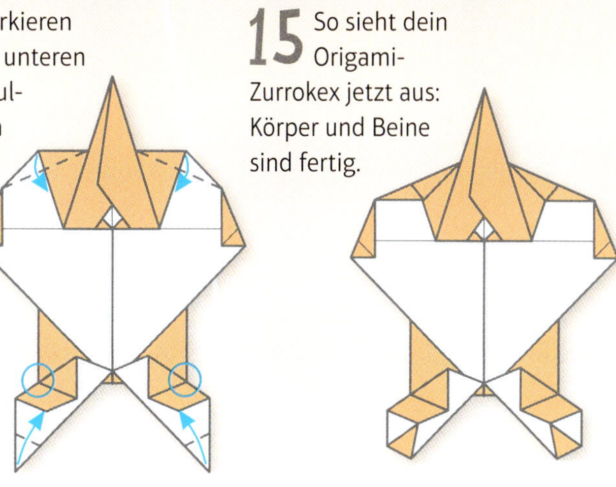

**15** So sieht dein Origami-Zurrokex jetzt aus: Körper und Beine sind fertig.

## So faltest du den Kopf:

**Lege das kleine Quadrat für den Kopf so vor dich hin, dass die weiße Seite sichtbar ist und das Sternchen nach oben zeigt.**

**16** Die rechte Ecke nach links falten und wieder aufklappen.

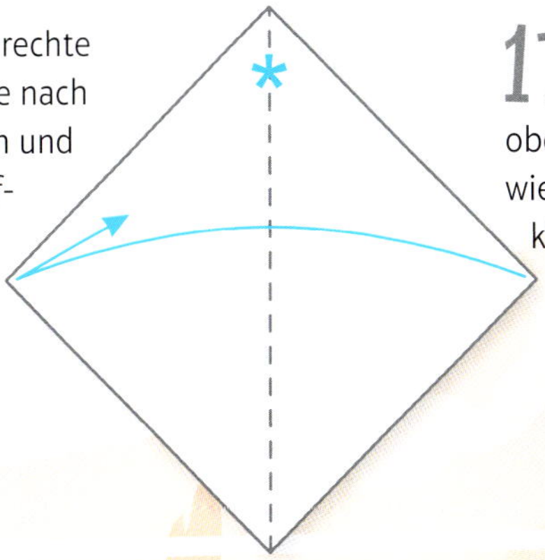

**17** Die untere Ecke nach oben falten und wieder aufklappen.

**18** Die obere und die untere Ecke zur Mitte falten.

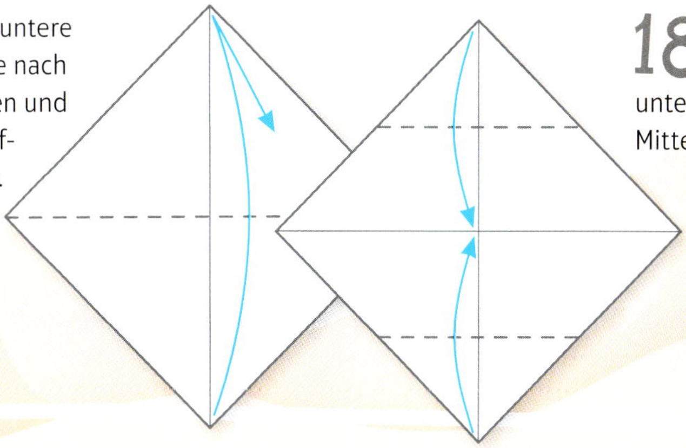

**19** Die obere Spitze wie gezeigt nach oben falten.

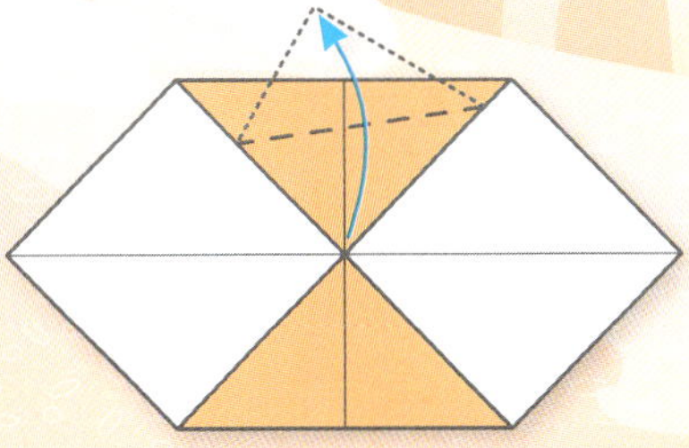

**20** Die linke und die rechte Ecke nach innen zu den gedachten Viertellinien falten. Das muss nicht ganz punktgenau sein.

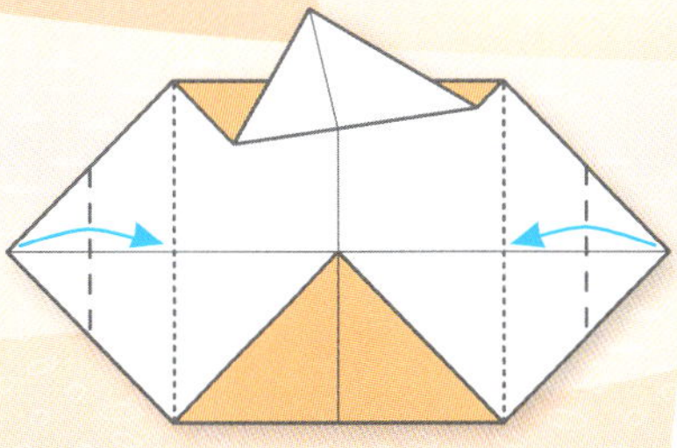

**21** Wenden. Das ist der fertige Kopf von Zurrokex.

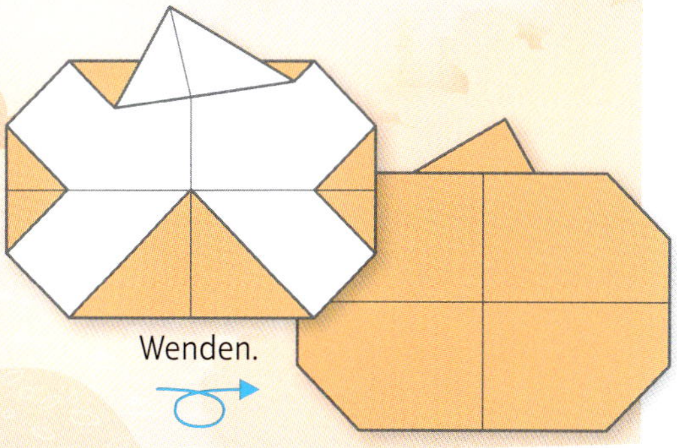

Wenden.

## So faltest du den Schweif:

**Lege das kleine Quadrat so hin, dass die weiße Seite zu sehen ist.**

**22** Die obere Spitze nach unten falten und wieder aufklappen.

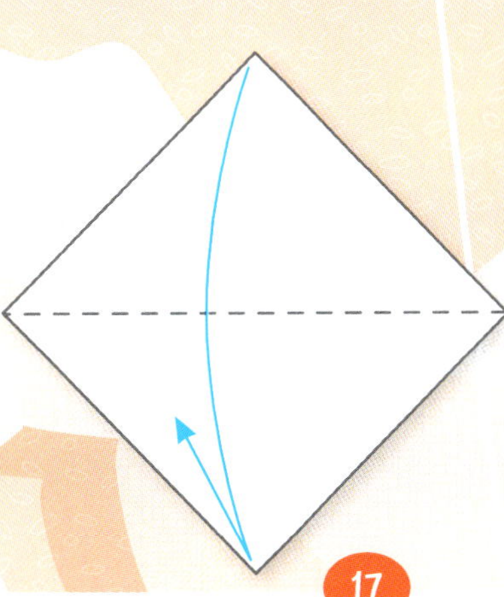

**23** Die obere und die untere Schräge der linken Seite zur mittleren Querlinie falten.

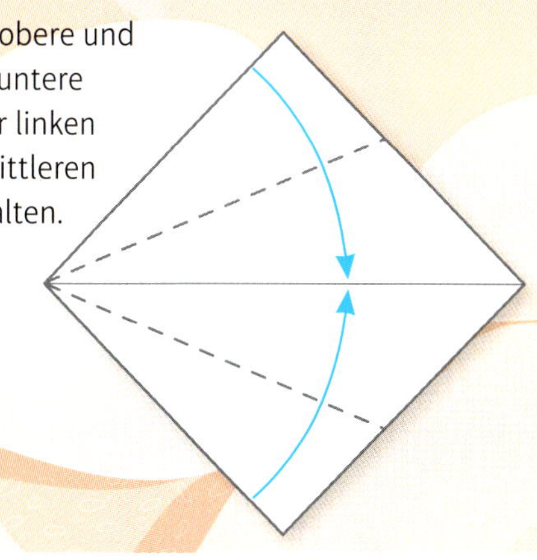

**24** Die obere Hälfte nach unten falten.

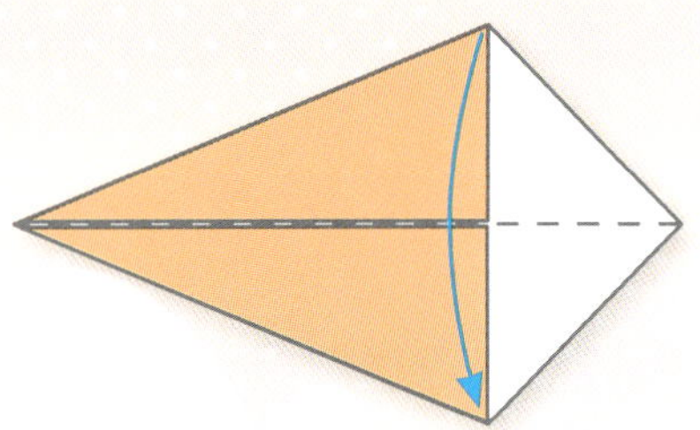

**25** Die linke Spitze nach unten falten. Der Falz beginnt an dem Punkt, der mit dem Kreis markiert ist.

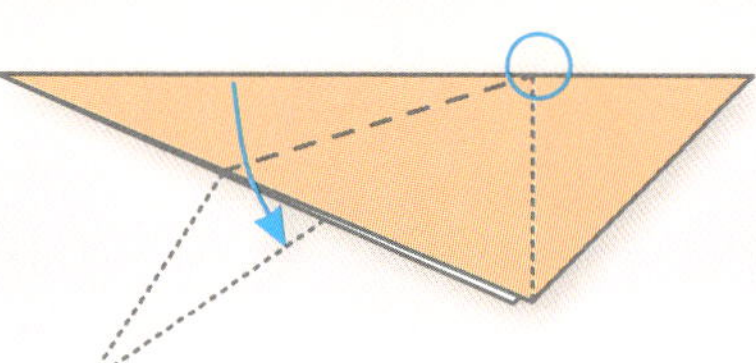

**26** Die linke Spitze wieder nach oben falten, wie auf dem Bild gezeigt.

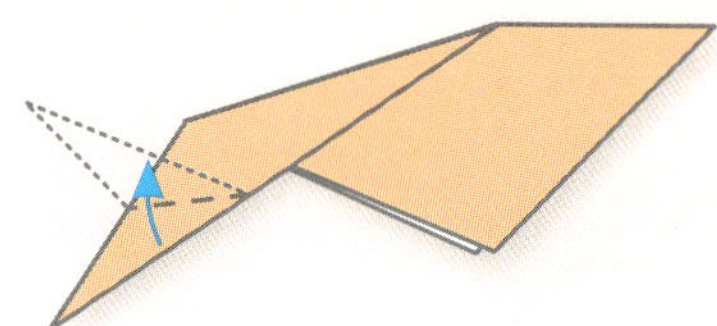

**27** Die linke Spitze noch einmal nach unten falten und dann das Papier nach rechts wenden.

**28** Die neue linke Spitze wie gezeigt nach innen falten. Das Papier wieder wenden.

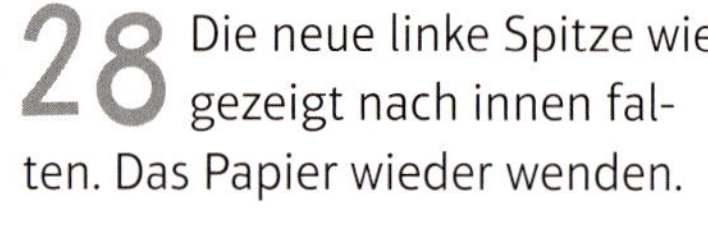

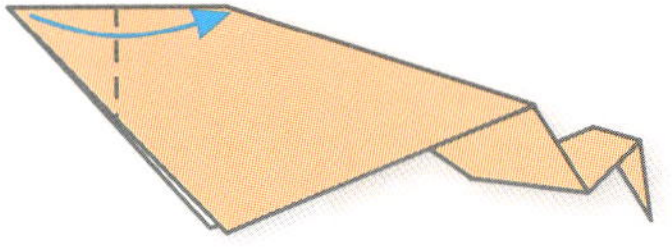

**29** Der Schwanz von Zurrokex ist fertig. Du kannst ihn nun am Körper anbringen.

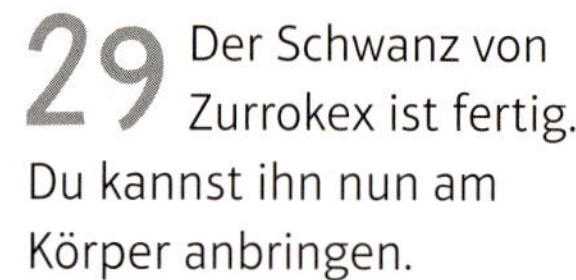

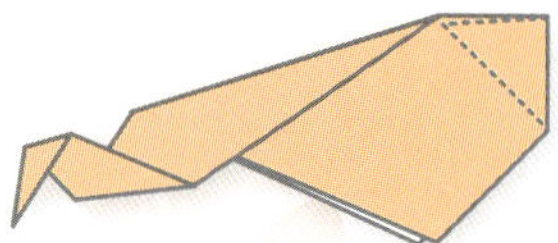

## So setzt du die Teile zusammen:

**30** Die Lasche, die du in Schritt 28 gefaltet hast, wird in den Schlitz in der Mitte gesteckt und die Unterseite des Schwanzes hinter den oberen Teil des linken Beins.

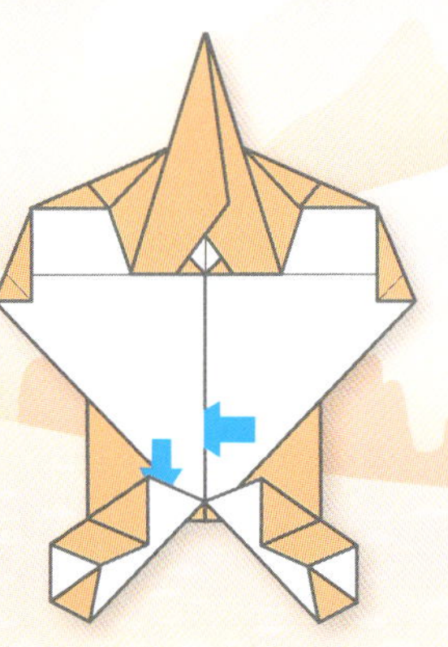

**31** Das Ergebnis sollte so aussehen. Der Schwanz ist locker am Körper befestigt. Wenn du ihn fixieren möchtest, kannst du ihn aber auch festkleben. Das Papier nun der Länge nach wenden.

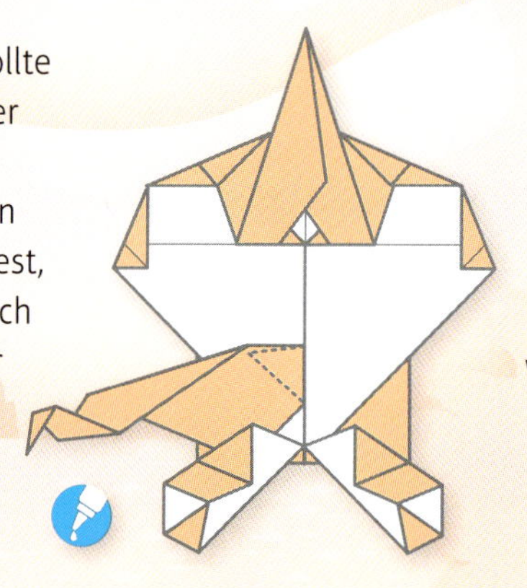

Wenden.

**32** Auf die obere Spitze etwas Klebstoff auftragen und den Kopf andrücken.

**33** Geschafft! Zurrokex ist nun komplett.

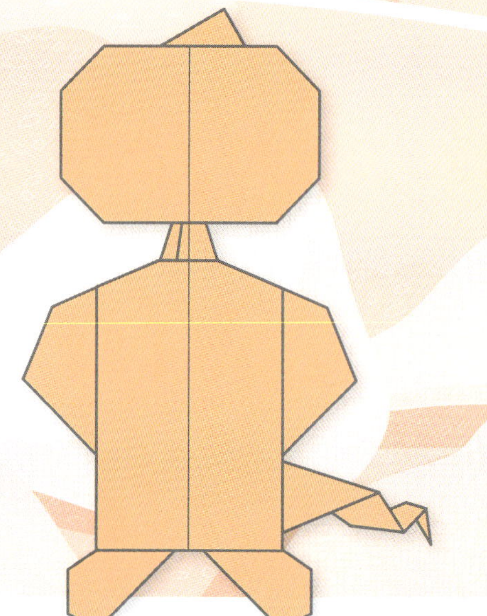

# Bisasam

Im Origami erzielen auch einfache Formen eine große Wirkung, zum Beispiel der Frosch. Mit dem Samen-Pokémon Bisasam - der Nummer 1 im Pokédex - kannst du eine Pokémon-Variante der traditionellen Froschform falten!

**TYP:** Pflanze/Gift **GRÖSSE:** 0,7 m **GEWICHT:** 6,9 kg

# So faltest du Bisasam

Bisasam besteht aus einem Bogen Papier. Es ist allerdings etwas schwieriger zu falten als die vorhergehenden Figuren. Du solltest also nicht mit diesem Pokémon anfangen.

Den Bogen findest du auf Seite 57. Lege ihn so hin, dass die weiße Seite zu sehen ist und das Sternchen nach oben zeigt.

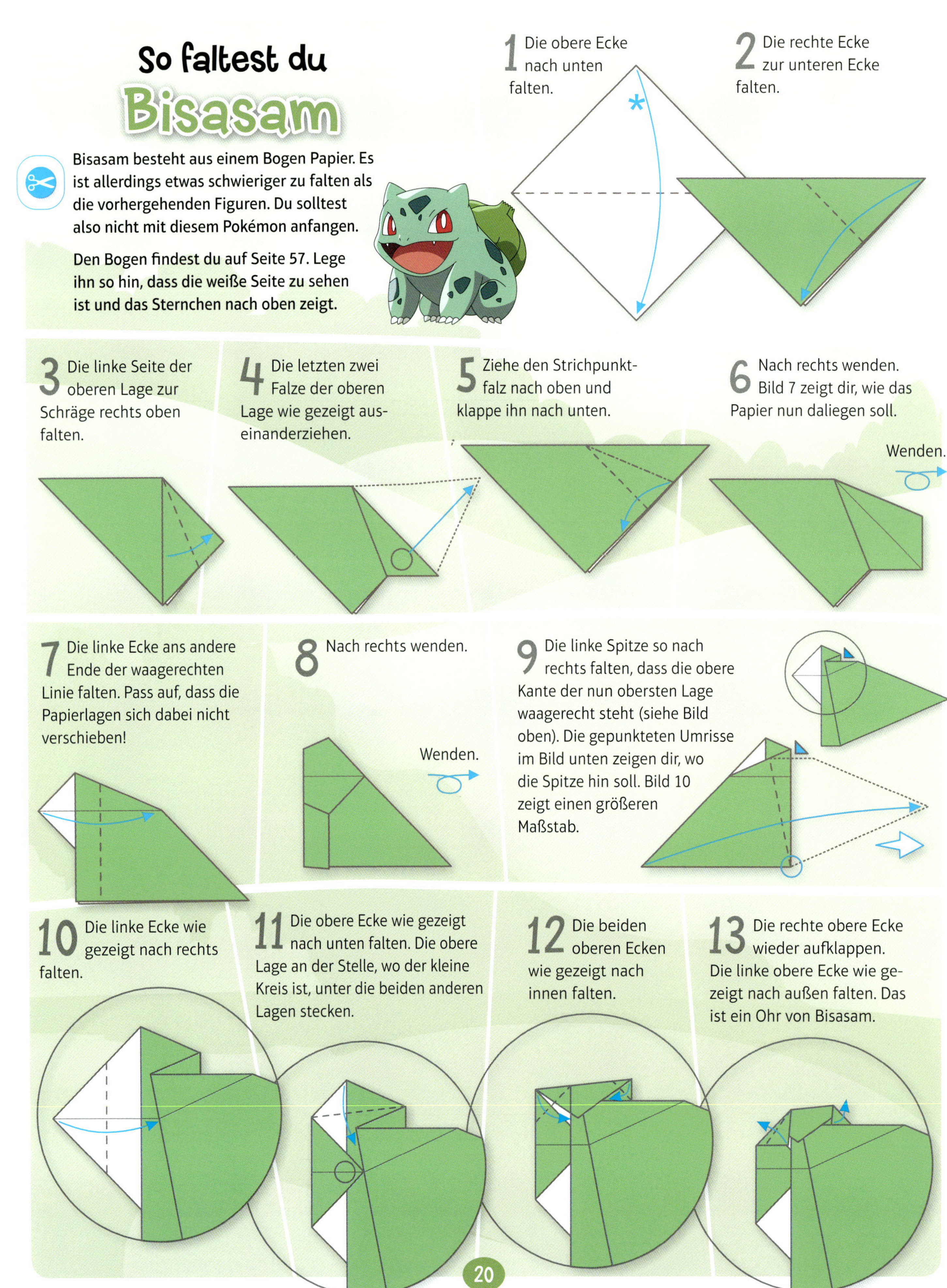

**14** Die Lasche, die mit dem kleinen Kreis markiert ist, unter die oberste Lage stecken.

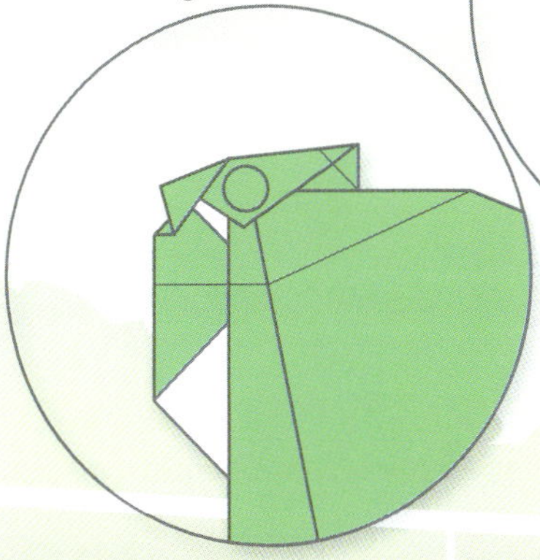

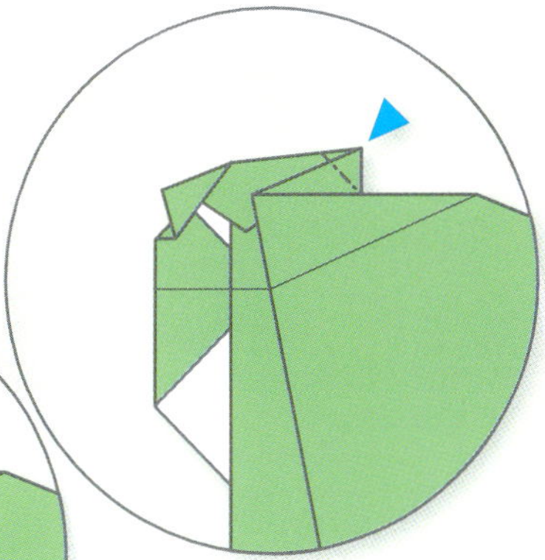

**15** Die rechte obere Ecke nach innen drücken. Dabei wird der Falz umgekehrt.

**16** So sollte das Papier nun aussehen.

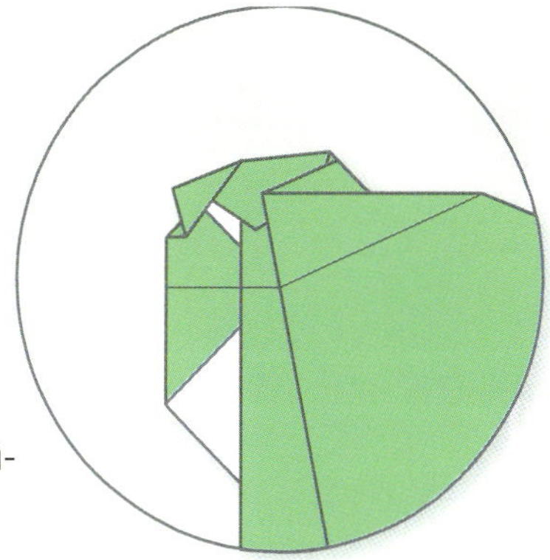

**17** Die rechte Spitze nach unten ziehen. Das öffnet die Falze aus den Schritten 9 und 15.

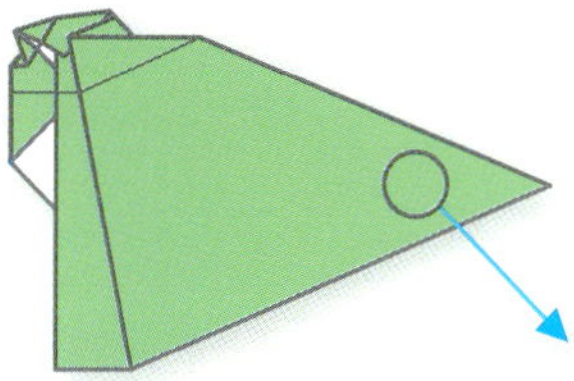

**18** Die untere Seite der oberen Lage entlang der waagerechten Falzlinie hochklappen.

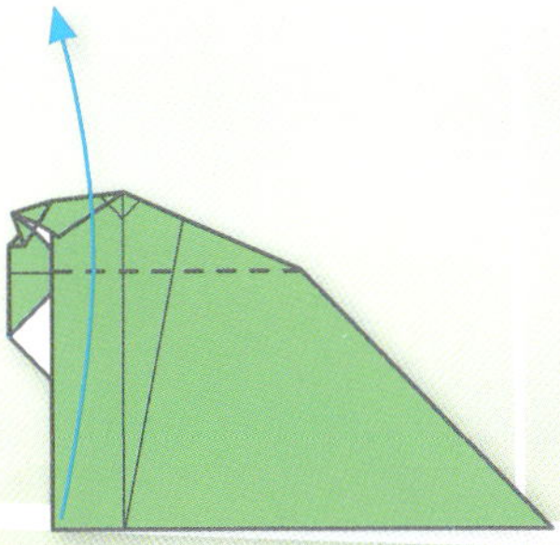

**19** Entlang der Punkte einschneiden (siehe Kreis in Bild 20). In Schritt 21 wird hier die Ecke so nach innen gefaltet, dass sie zu der nach innen gefalteten Ecke aus Schritt 13 passt (siehe Bild 21).

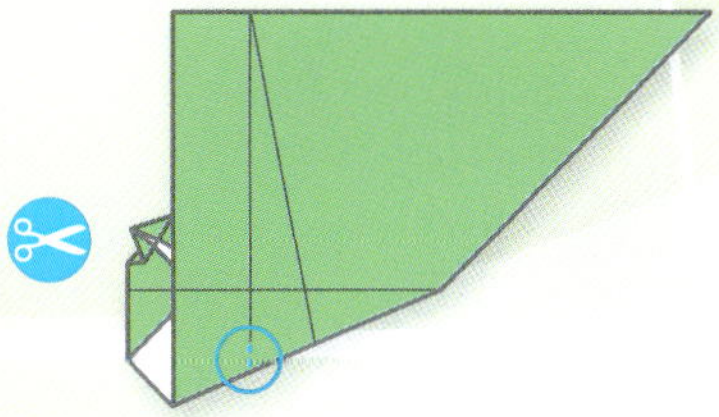

**20** Nun die Schritte 11, 12 und den zweiten Teil von Schritt 13 wiederholen (allerdings jeweils um 180° gedreht), um die andere Hälfte des Kopfes zu falten.

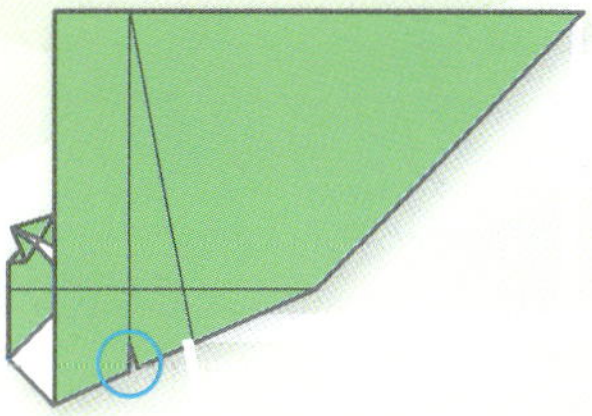

**21** So sieht das Papier jetzt aus. Nun die oberste Lage wieder nach unten klappen.

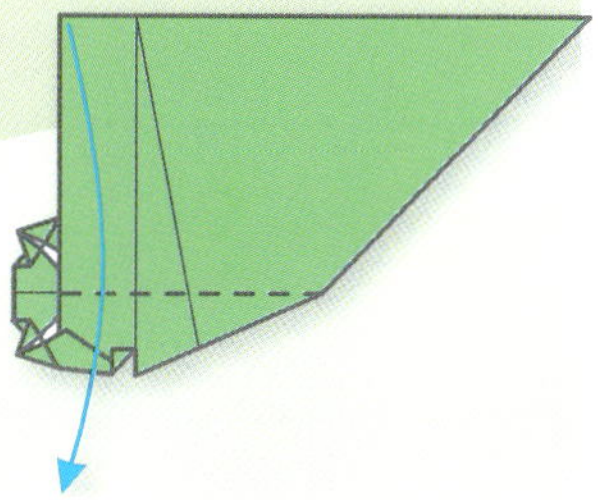

**22** Die Diagonalfalte aus Bild 10 wieder herstellen. Dann die rechte Spitze nach links falten. Der Falz soll am markierten Punkt beginnen. Bild 23 zeigt, wie es aussehen soll.

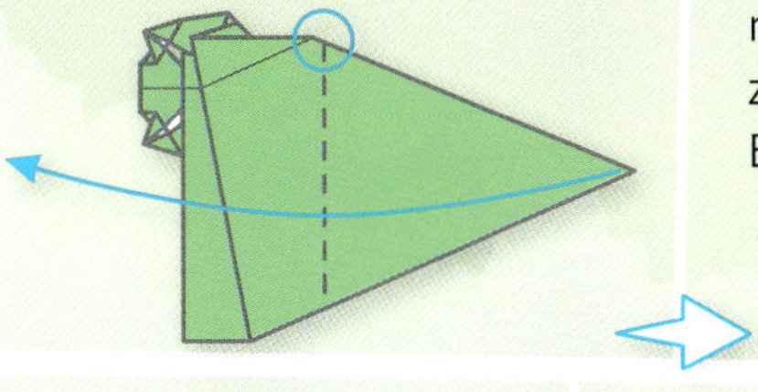

**23** Der Kreis zeigt, dass die Schräge der obersten Lage parallel zur Falzlinie der Lage darunter verlaufen soll. Wenden und so drehen, dass die Spitze nach oben zeigt wie in Bild 24.

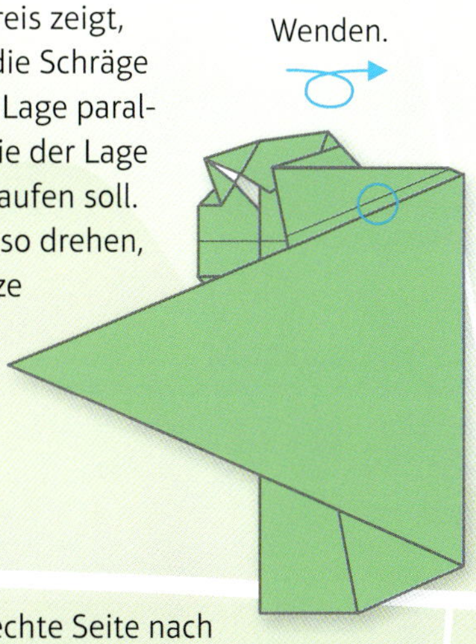

**24** Die rechte obere Ecke schräg nach unten falten. Die Kreise zeigen an, wo die Falzlinie verlaufen soll. Dann wieder aufklappen.

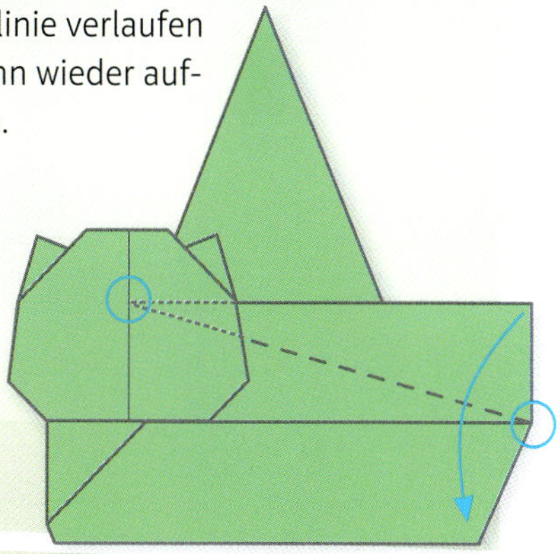

**25** Die rechte Ecke zum unteren Rand falten.

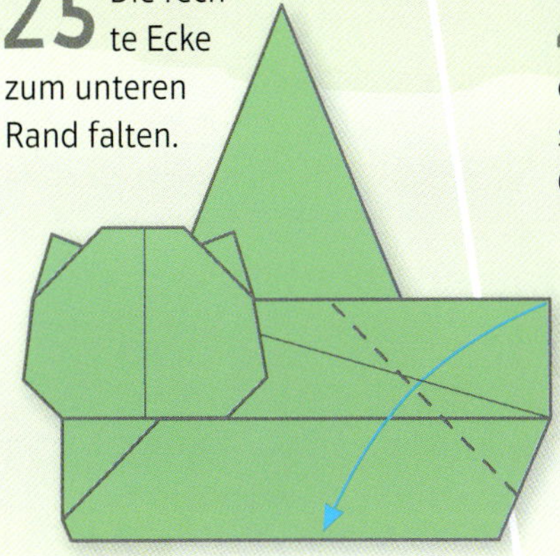

**26** Die rechte Seite nach hinten falten. Das obere Ende der Falzlinie sollte auf der Höhe der Kopf-Oberseite liegen.

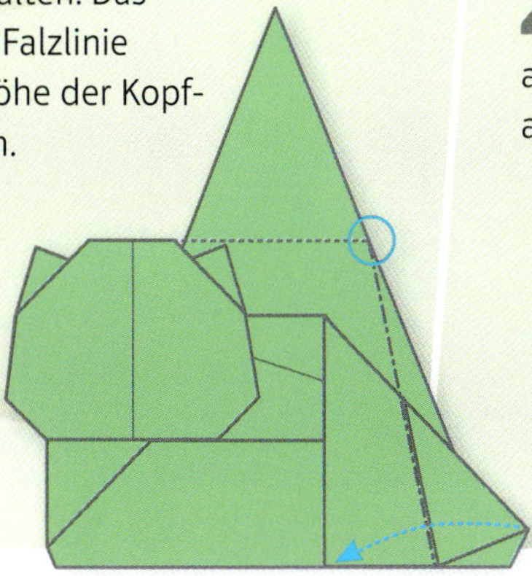

**27** Die Falten aus Schritt 26 wieder aufklappen und auch die aus Schritt 25.

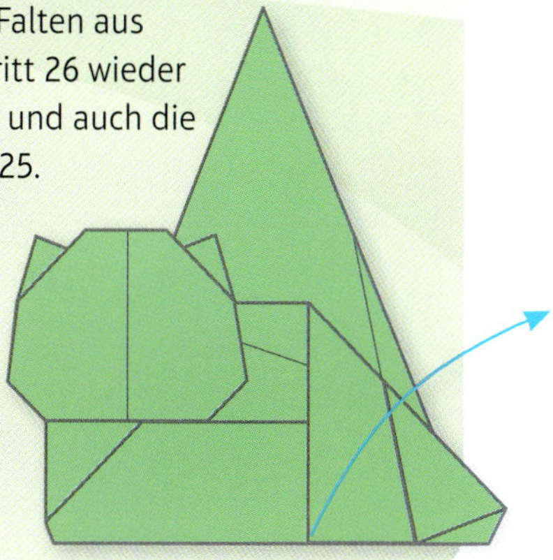

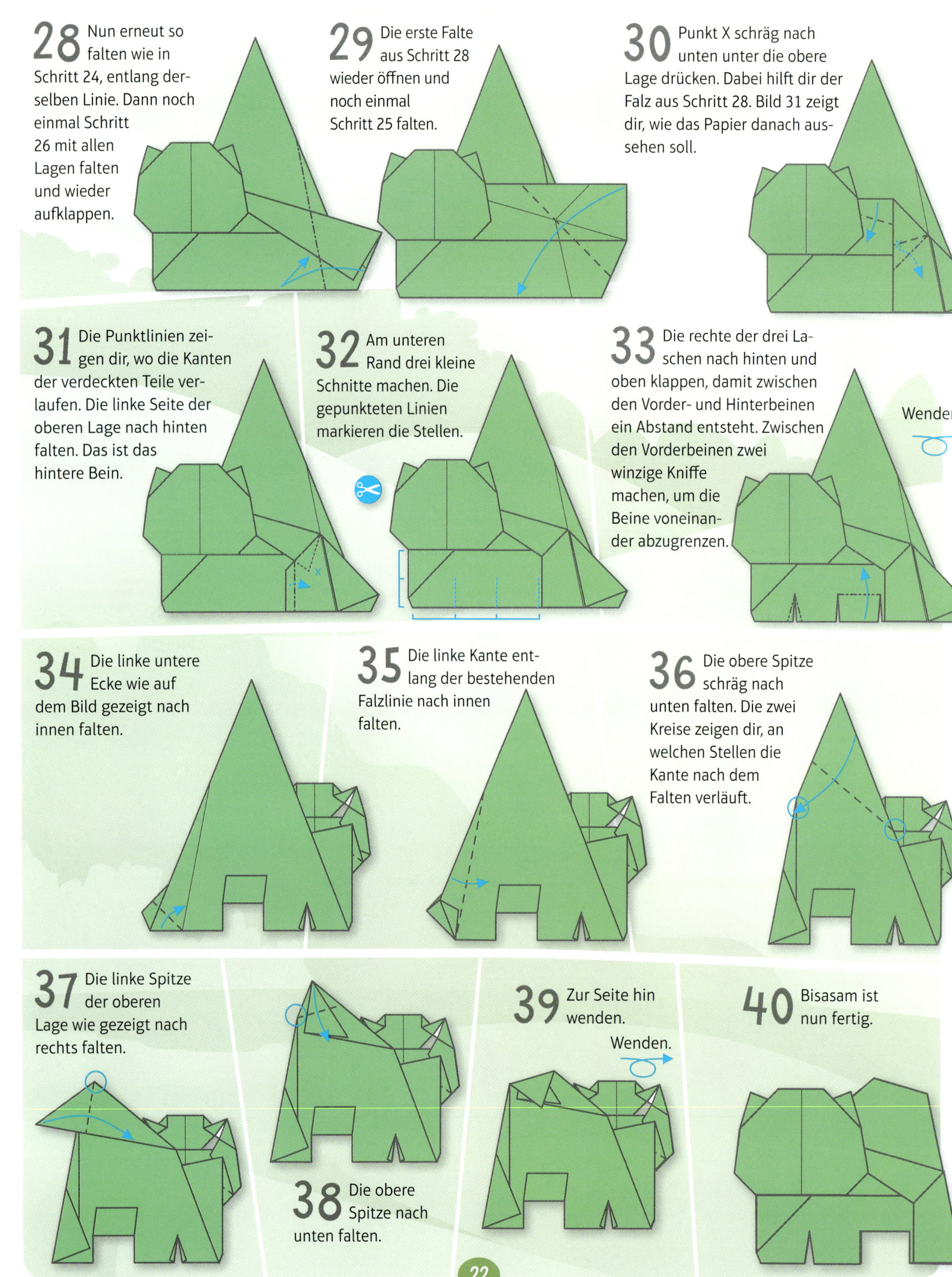
28 Nun erneut so falten wie in Schritt 24, entlang derselben Linie. Dann noch einmal Schritt 26 mit allen Lagen falten und wieder aufklappen.
29 Die erste Falte aus Schritt 28 wieder öffnen und noch einmal Schritt 25 falten.
30 Punkt X schräg nach unten unter die obere Lage drücken. Dabei hilft dir der Falz aus Schritt 28. Bild 31 zeigt dir, wie das Papier danach aussehen soll.
31 Die Punktlinien zeigen dir, wo die Kanten der verdeckten Teile verlaufen. Die linke Seite der oberen Lage nach hinten falten. Das ist das hintere Bein.
32 Am unteren Rand drei kleine Schnitte machen. Die gepunkteten Linien markieren die Stellen.
33 Die rechte der drei Laschen nach hinten und oben klappen, damit zwischen den Vorder- und Hinterbeinen ein Abstand entsteht. Zwischen den Vorderbeinen zwei winzige Kniffe machen, um die Beine voneinander abzugrenzen.
Wenden.
34 Die linke untere Ecke wie auf dem Bild gezeigt nach innen falten.
35 Die linke Kante entlang der bestehenden Falzlinie nach innen falten.
36 Die obere Spitze schräg nach unten falten. Die zwei Kreise zeigen dir, an welchen Stellen die Kante nach dem Falten verläuft.
37 Die linke Spitze der oberen Lage wie gezeigt nach rechts falten.
38 Die obere Spitze nach unten falten.
39 Zur Seite hin wenden.
Wenden.
40 Bisasam ist nun fertig.

# Hydropi

Hydropi ist klein, aber überraschend stark. In der Hoenn-Region gehört es zu den beliebtesten Pokémon. Es hat auffällige Flossen und orangefarbene Kiemen. Dieses amphibienähnliche Pokémon lebt bevorzugt in Sümpfen und Mooren. Mithilfe der folgenden Anleitung kannst du ganz einfach dein eigenes Hydropi falten.

**TYP:** Wasser **GRÖSSE:** 0,4 m **GEWICHT:** 7,6 kg

# So faltest du Hydropi

Hydropi besteht aus zwei Bogen Papier: einem großen Quadrat für Kopf und Körper sowie einem kleinen Quadrat, aus dem du die Schwanzflosse faltest.

Den großen Bogen findest du auf Seite 59 und den kleinen auf Seite 63.

## Kopf und Körper:

Lege das große Quadrat so hin, dass die weiße Seite zu sehen ist und das Sternchen nach oben zeigt. Falte zuerst die Schritte 1–7 aus der Anleitung zu Pikachu auf Seite 5.

**8** Die zwei Spitzen in der Mitte nach außen falten und wieder aufklappen.

**9** Die beiden Außenseiten so nach innen falten, dass ihre oberen Kanten teilweise mit den Falzlinien aus Schritt 8 abschließen. Versuche, die Falten möglichst symmetrisch zu machen!

**10** Die zwei Spitzen wieder wie in Schritt 8 nach außen falten.

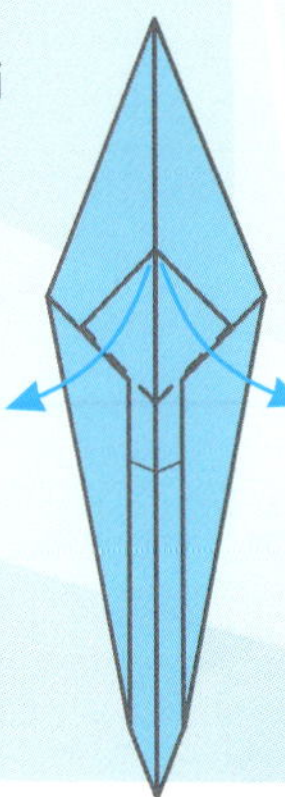

**11** Die obere Spitze wie auf dem Bild nach unten falten.

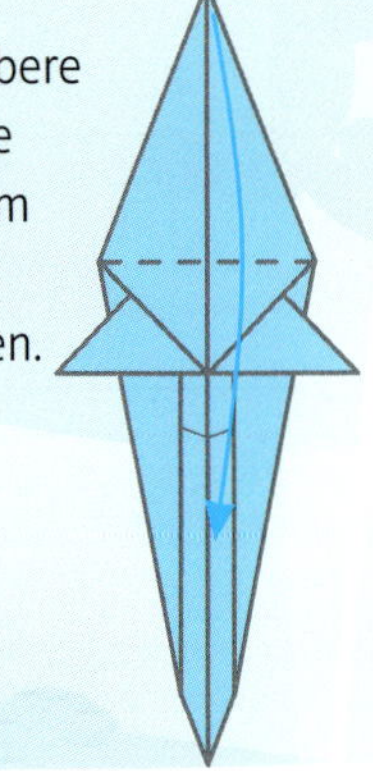

**12** Die obere Spitze nun wie gezeigt nach oben falten.

**13** Der Länge nach wenden.

Wenden.

**14** Die untere Spitze nach oben falten. Bild 15 zeigt dir, wie das Papier danach aussehen soll.

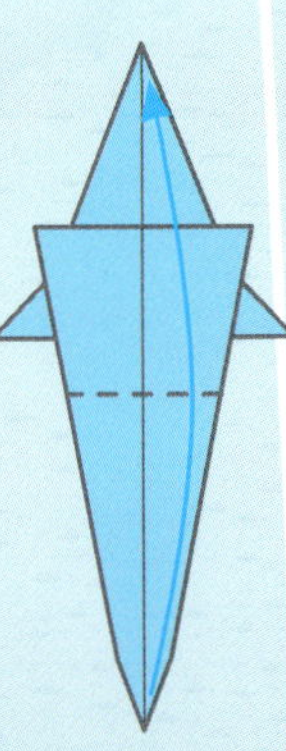

**15** Der Länge nach wenden.

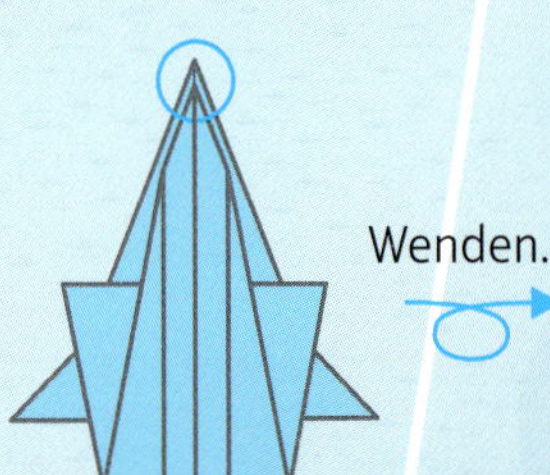


**16** Die Spitze der untersten Lage wieder nach unten klappen, dann wie gezeigt nach oben falten. Bild 17 zeigt, wie das Papier danach aussehen soll.

**17** Eine Seite der Schere unter den Falz der obersten Lage führen und entlang der Punktlinie durch alle Lagen der Spitze nach rechts schneiden.

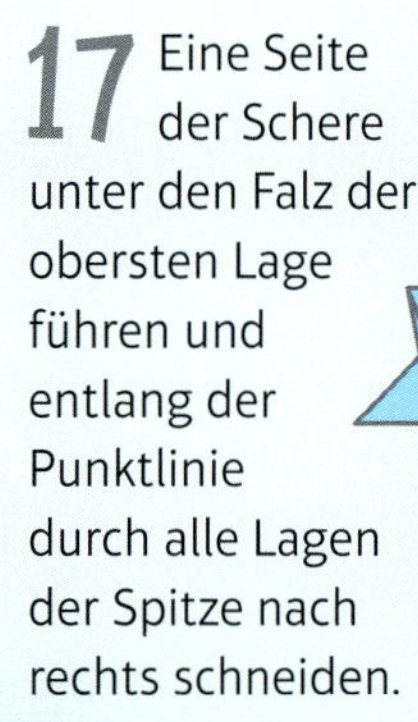

**18** Den eingeschnittenen Teil komplett nach rechts aufklappen.

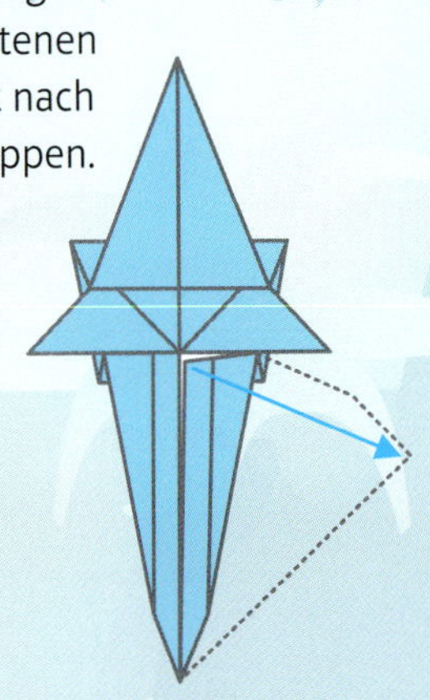

**19** Die rechte Ecke nach innen falten. Die beiden Kreise zeigen dir die entscheidenden Punkte.

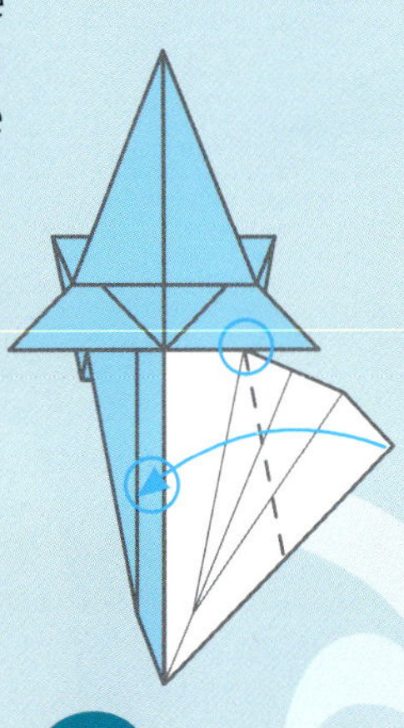

**20** Die untere Spitze zur Unterkante der oberen Spitze so falten, dass die Spitze, die du faltest, genau in die Mitte zeigt.

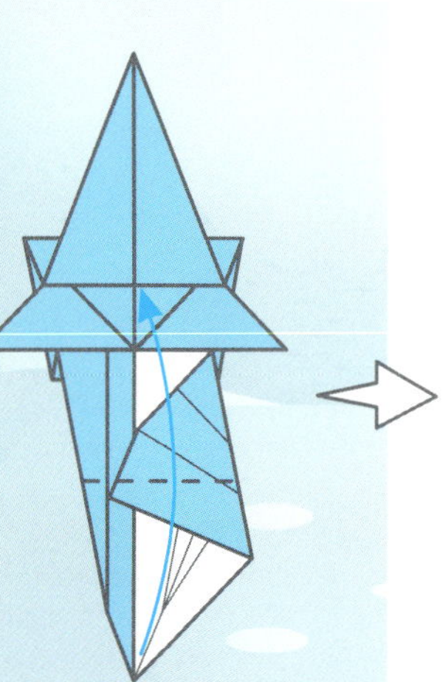

**21** Die rechte Ecke des rechten unteren Teils wie gezeigt nach innen falten. Die zwei Kreise dienen als Anhaltspunkte für die Falzlinie. Dann die beiden unteren Ecken des oberen Teils wie auf dem Bild nach oben falten.

**22** Die Lasche rechts unten entlang der Falzlinie, die du in Schritt 21 gemacht hast, nach hinten klappen, sodass sie verdeckt ist. Dann die zwei Falten in den unteren Ecken des oberen Teils wieder aufklappen.

**23** Die rechte Seite des unteren Teils zur Unterseite der Figur falten. Dabei kommt die verdeckte Lasche wieder zum Vorschein. Dann die zwei unteren Ecken des oberen Teils nach innen drücken, entlang der Falzlinien, die du in Schritt 21 gemacht hast. Die Falze werden dabei umgekehrt.

**24** Die linke Spitze des unteren Teils nach innen falten, um sie stumpf zu machen. Die äußeren Ecken der oberen Spitze wie gezeigt nach innen klappen und glatt streichen. Auch die Spitzen im Mittelteil nach innen falten. Pass dabei auf, dass die Figur symmetrisch bleibt. Bild 25 zeigt dir, wie das Papier nach diesem Schritt aussehen soll.

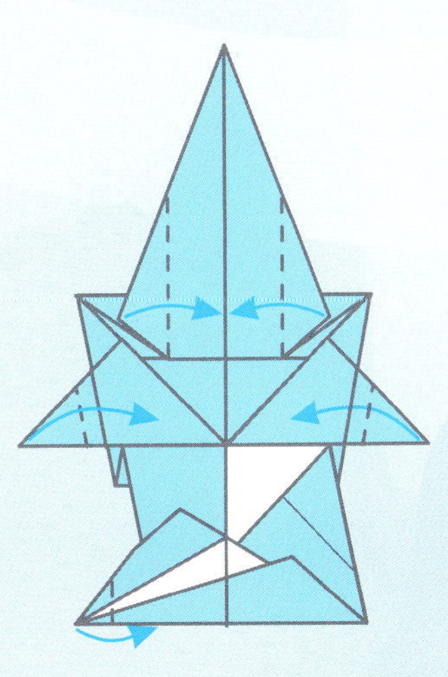

**25** Die obere Spitze wie gezeigt nach unten falten. Die Spitzen des mittleren Teils wie auf dem Bild nach außen falten. Die Ecken rechts und links darüber nach innen falten, um das Gesicht abzurunden.

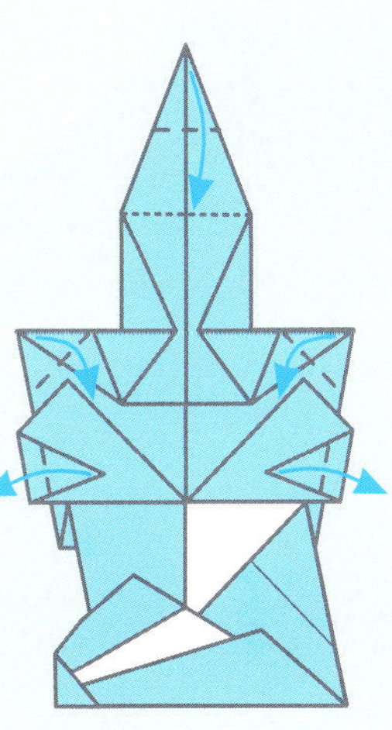

**26** Nun sollte dein Papier so aussehen. Zur Seite hin wenden.

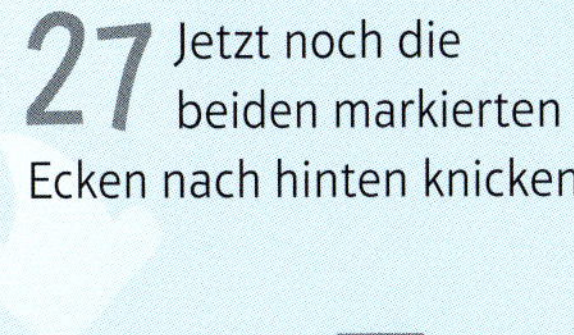

Wenden.

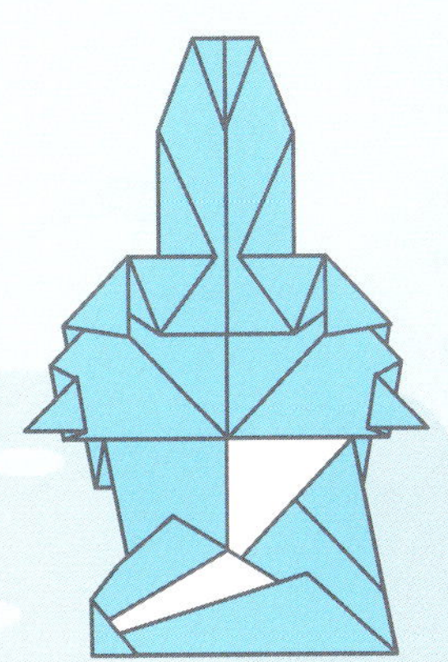

**27** Jetzt noch die beiden markierten Ecken nach hinten knicken.

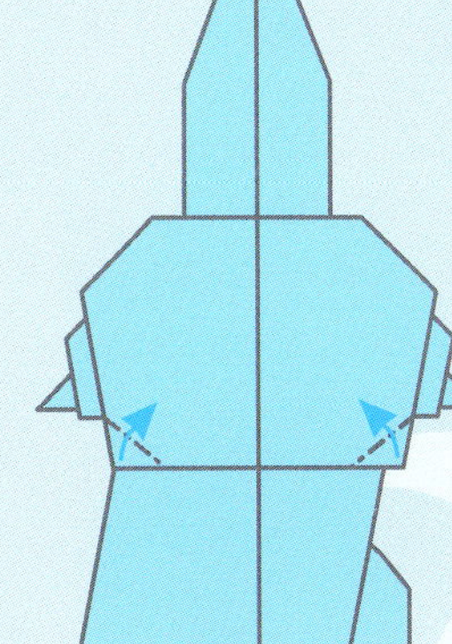

**28** Der Kopf und Körper von Hydropi sind fertig.

## So faltest du die Schwanzflosse:

**Lege das kleine Quadrat so hin, dass die weiße Seite zu sehen ist und das Sternchen nach oben zeigt.**

**29** Die rechte Seite nach links falten und wieder aufklappen.

**30** Die rechte Seite zur Mitte hin falten.

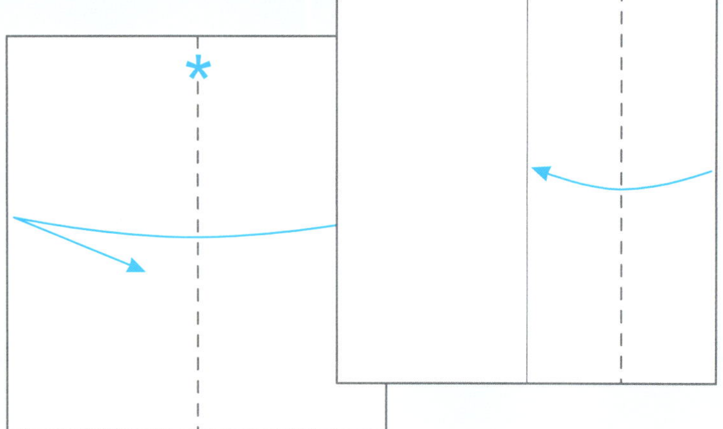


**31** Die obere Seite nach unten falten.

**32** Die Ecke links oben nach innen falten. Dabei musst du nicht punktgenau vorgehen.

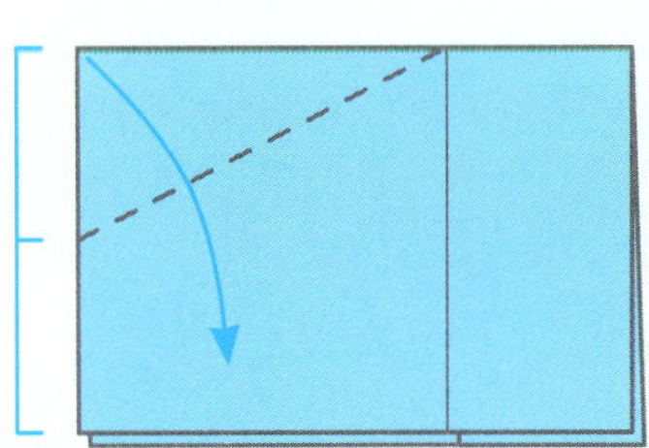

**33** Auch die Ecke links unten nach innen falten.

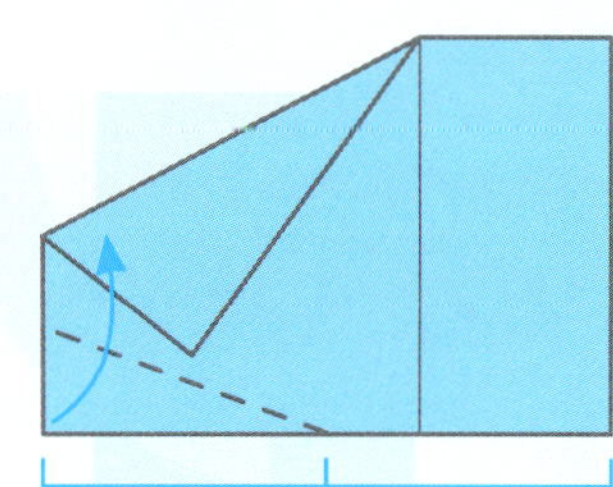

**34** Nun die Ecke rechts oben nach unten falten. Auf Bild 35 kannst du sehen, wie das Ergebnis aussehen soll.

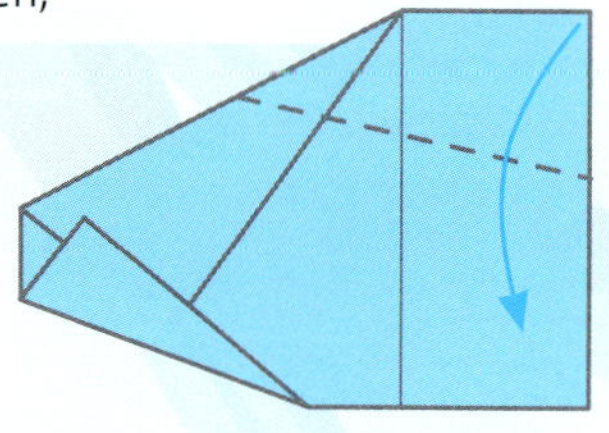

**35** Die Ecke rechts unten ebenfalls nach innen falten.

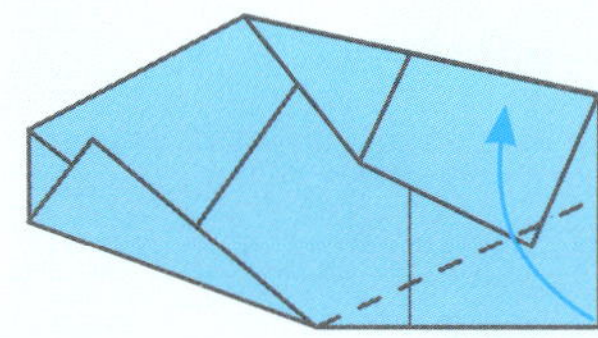

**36** Zuletzt noch die untere Spitze ein kleines Stück nach oben klappen.

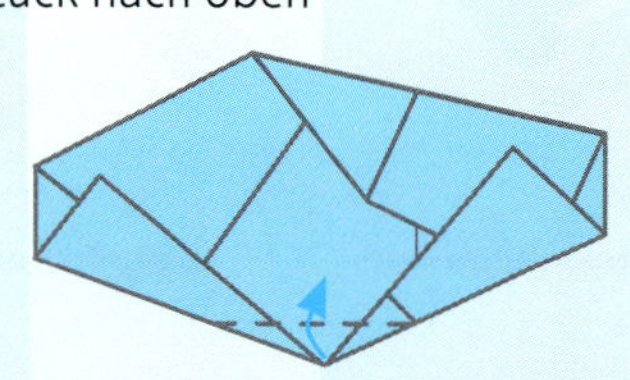

**37** Die Schwanzflosse von Hydropi ist fertig.

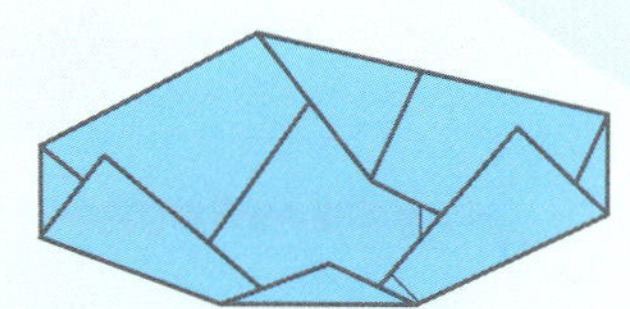

## So setzt du alles zusammen:

**38** Etwas Klebstoff auf den markierten Bereich auftragen und die Flosse andrücken.

**39** Die Figur wenden.

**40** Hydropi ist fertig.

Wenden.

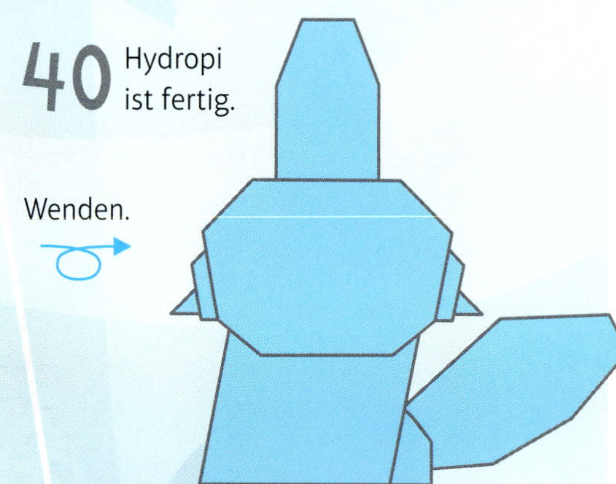

# Gengar

Das geisterhafte Schatten-Pokémon Gengar zeigt dir die gruselige Seite des Origami. Mit seinem schelmischen Grinsen und den spitzen Klauen erschreckt es andere nur zu gern. Bis du bereit, den kleinen Schurken zu falten?

**TYP:** Geist/Gift **GRÖSSE:** 1,5 m **GEWICHT:** 40,5 kg

# So faltest du Gengar

Gengar besteht aus acht Bogen Papier: einem großen Quadrat für Kopf und Körper sowie sieben kleinen Quadraten für Arme, Beine, Stacheln und Schwanz.

Den großen Bogen findest du auf Seite 61 und die kleinen Bogen auf den Seiten 63 und 65.

## Kopf und Körper:

Lege das große Quadrat so hin, dass die weiße Seite zu sehen ist und das Sternchen nach oben zeigt.

1 Nach links falten und wieder aufklappen.

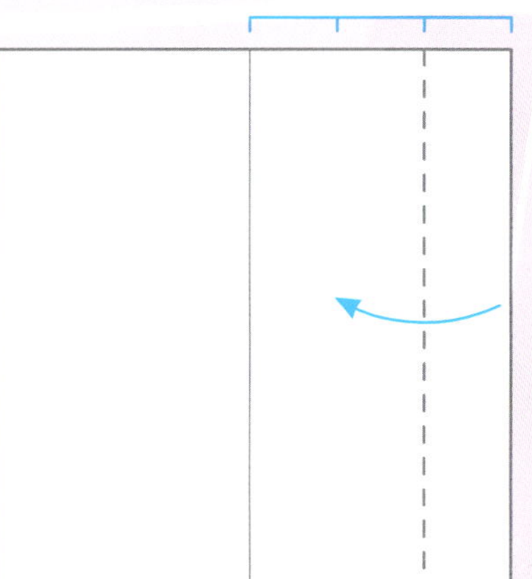


2 Die rechte Seite zur Mitte falten. Auf Bild 3 siehst du, wie das aussehen soll. Wenn du die Faltung gemacht hast, besteht die rechte Hälfte des Papiers aus einer weißen und einer dunklen Hälfte. Achte darauf, dass die oberen und unteren Kanten bündig sind.

3 Die Ecke rechts oben nach innen falten und wieder aufklappen.

4 Nun die obere Kante nach unten falten. Der Kreis zeigt dir, wo die Falzlinie verlaufen soll.

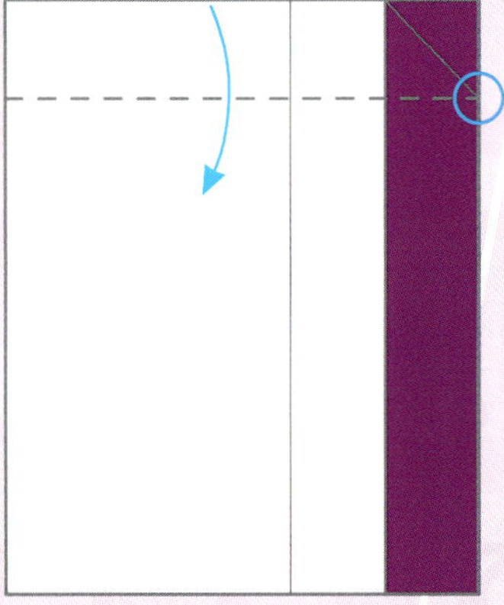

5 Pass auf, dass beide Seiten bündig übereinanderliegen. Die linke Ecke nach innen falten und wieder öffnen.

6 Die linke Seite ebenfalls nach innen falten. Der Kreis zeigt dir wieder, wo die Falzlinie verlaufen soll.

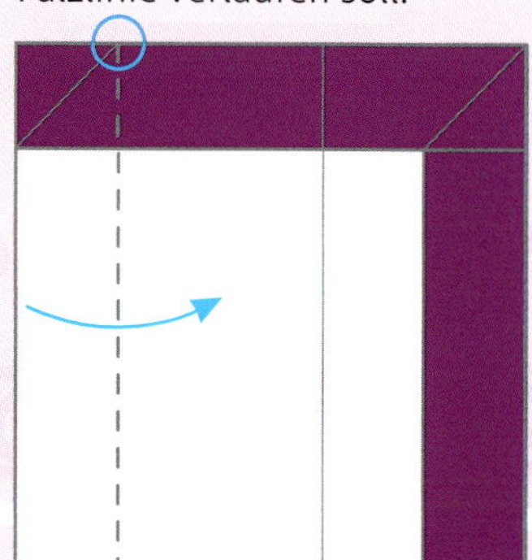

7 Achte darauf, dass alle Kanten oben und unten bündig abschließen. Wenn die linke Seite richtig gefaltet ist, besteht sie wie die rechte Seite aus einer weißen und einer dunklen Hälfte. Die Laschen oben und rechts herausziehen und das Papier flach drücken. Bild 8 zeigt dir, wie das Papier nun aussehen soll.

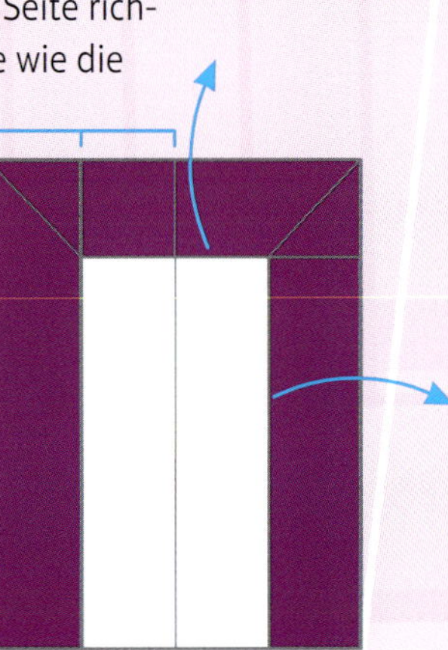

8 Die linke obere Ecke entlang der Falzlinie einklappen und wieder öffnen.

9 Nun auch die linke Seite wieder aufklappen.

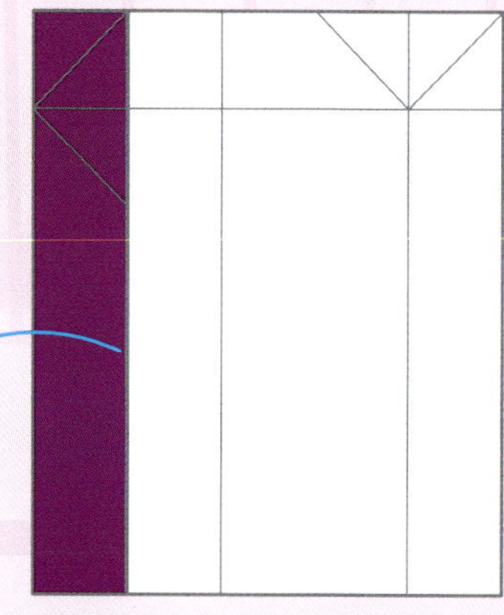

10 Die obere Seite entlang der Falzlinie, die du in Schritt 4 gemacht hast, nach unten falten.

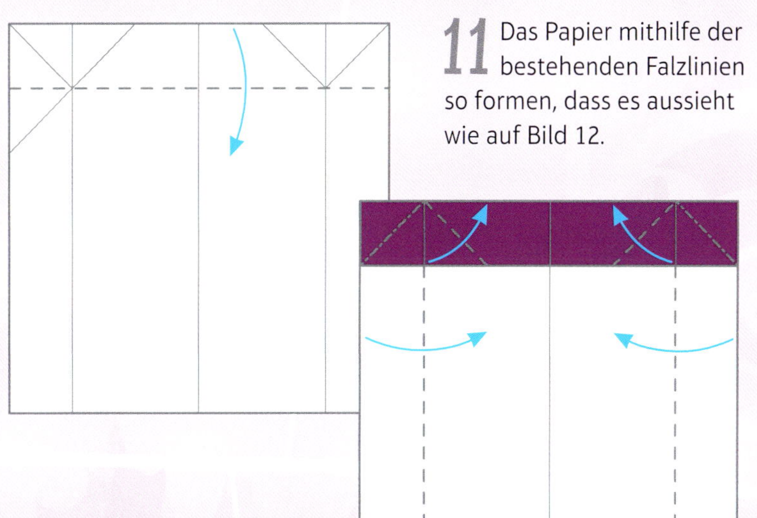

11 Das Papier mithilfe der bestehenden Falzlinien so formen, dass es aussieht wie auf Bild 12.

12 Die Unterseite in der Mitte nach oben falten und wieder aufklappen.

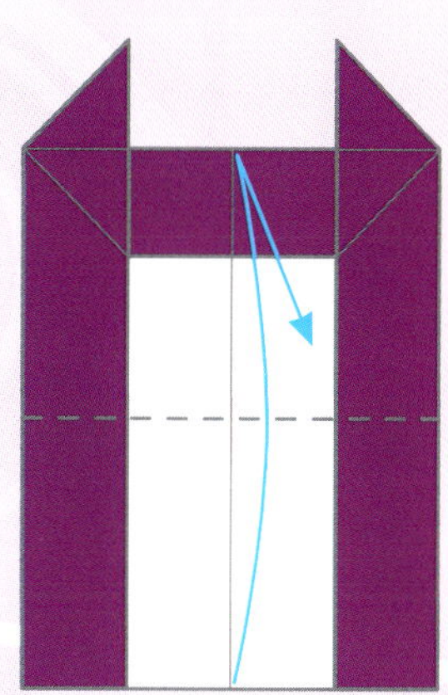

13 Die Unterseite nun zur Mitte falten – also zur Falzlinie, die du in Schritt 12 gemacht hast.

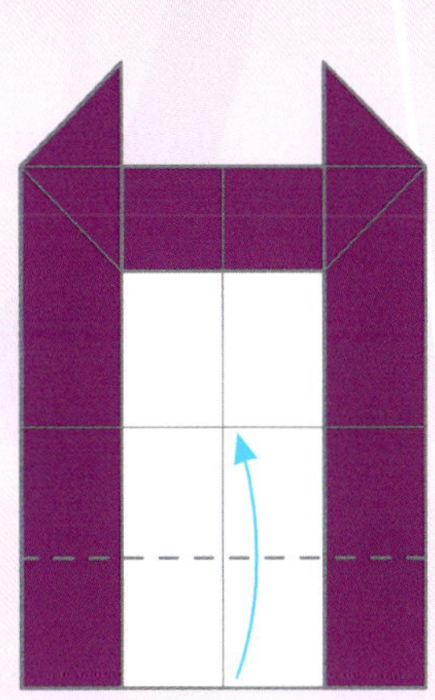

14 Die Ecken links und rechts wie auf dem Bild nach innen falten.

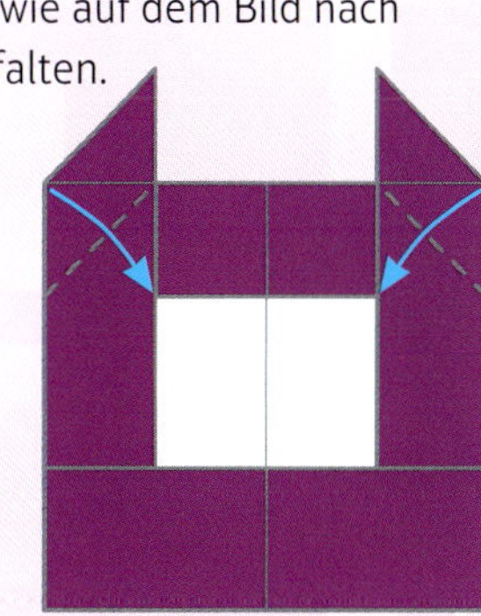

15 Die beiden Spitzen nach außen falten. Das sind die Ohren von Gengar.

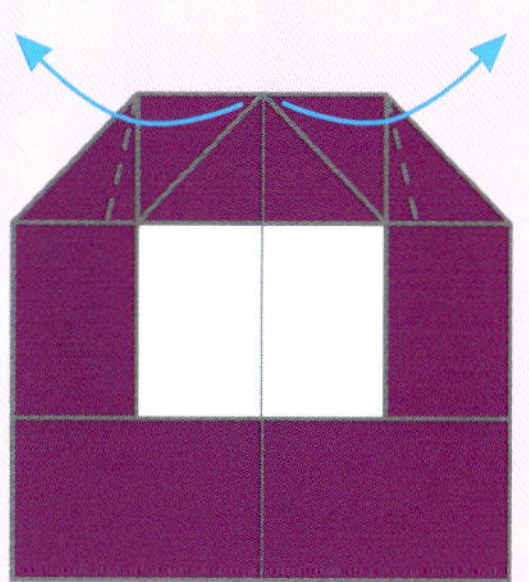

16 Die linke und die rechte Seite nach innen falten. Die Kreise auf dem Bild zeigen dir, wo die Anfangspunkte der Falten sind.

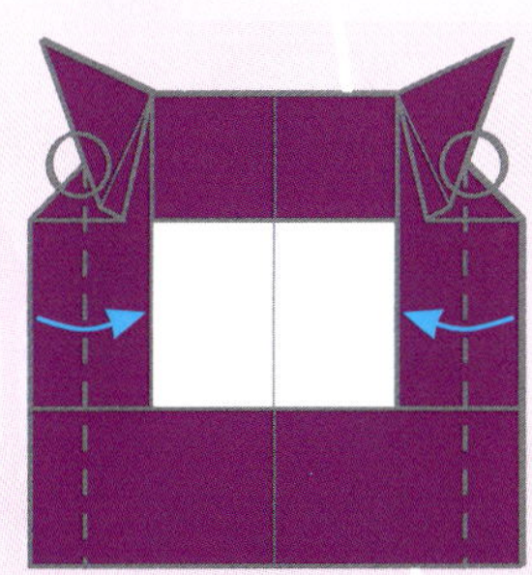

17 Die zwei unteren Ecken wie gezeigt nach innen falten.

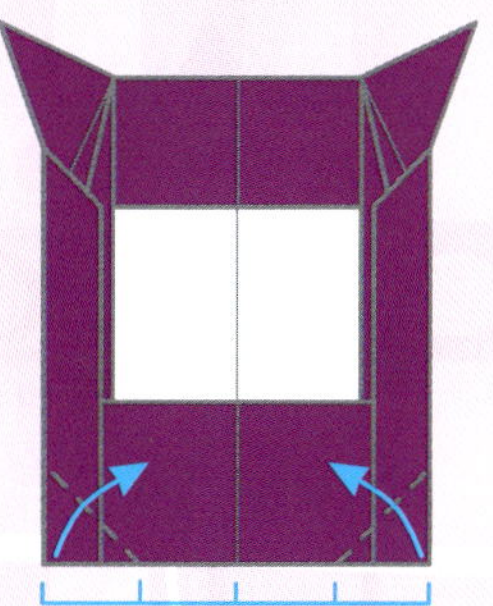

18 Der Kopf und der Körper von Gengar sind fertig.

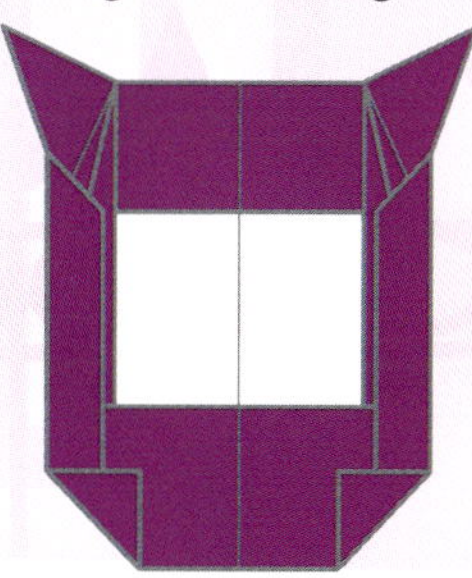

## So faltest du Arme und Beine:

Für die je zwei Arme und Beine brauchst du acht kleine Quadrate, die alle gleich gefaltet werden. Lege sie immer mit der weißen Seite nach oben hin, bevor du beginnst.

19 Nach links falten und wieder aufklappen.

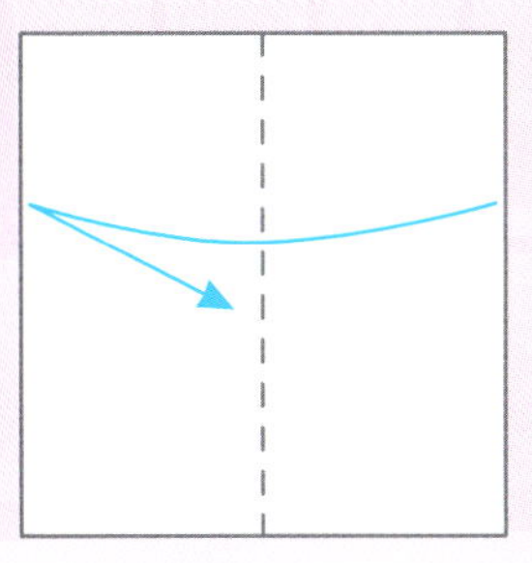

20 Beide Außenseiten zur Mitte falten.

21 Jede der Laschen in der Hälfte nach außen falten und wieder öffnen.

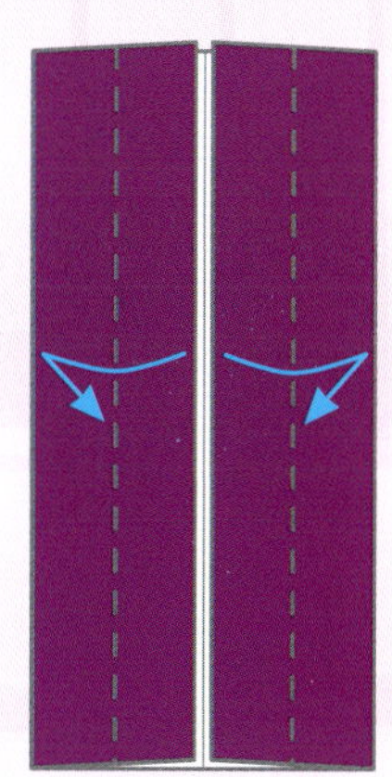

**22** Die rechte obere Ecke nach innen falten. Die Falzlinie beginnt in der Mitte der Oberseite und die Spitze der Ecke berührt die linke Falzlinie.

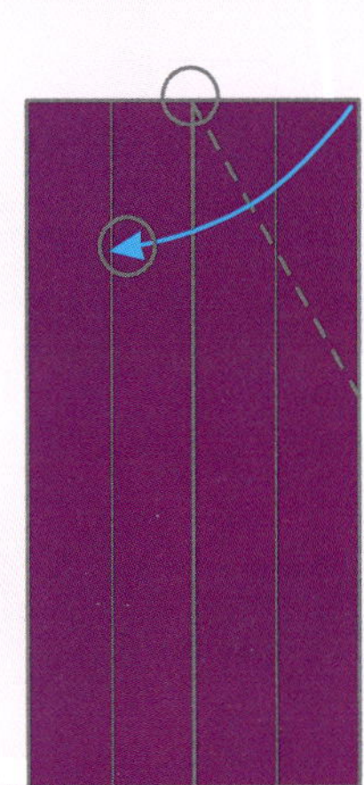

**23** Nun auch die linke obere Ecke nach innen falten. Ihr oberer Rand soll mit der Schräge auf der rechten Seite des Papiers bündig abschließen.

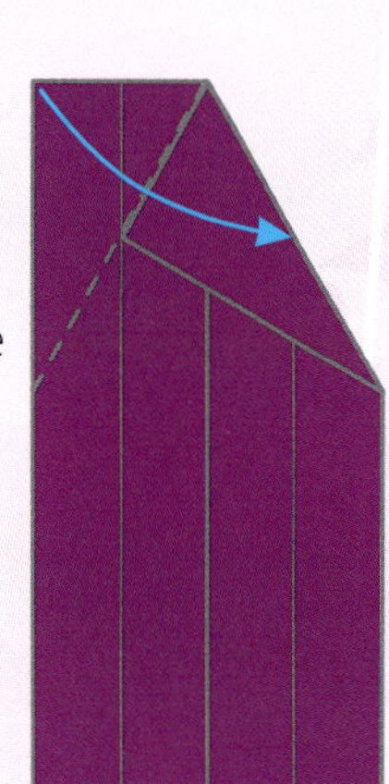

**24** Die rechte obere Ecke nach außen falten. Auf Bild 25 siehst du, wo sie hingehört. Der Kreis zeigt an, dass das untere Ende der Falzlinie etwa in der Mitte zwischen dem linken Rand und der linken Falzlinie liegt.

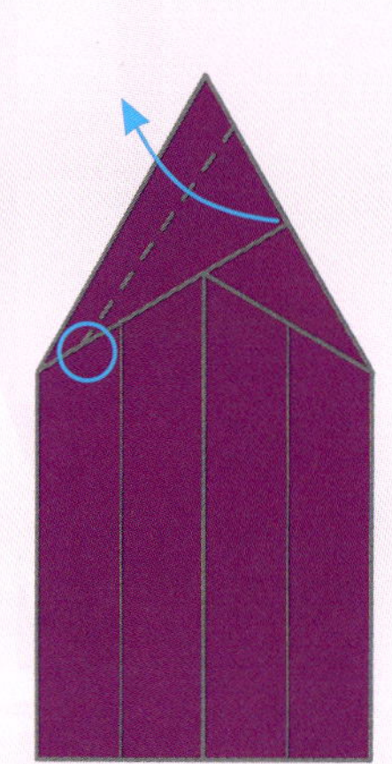

**25** Die Lasche in der Mitte (mit dem Kreis markiert) ganz nach vorn holen.

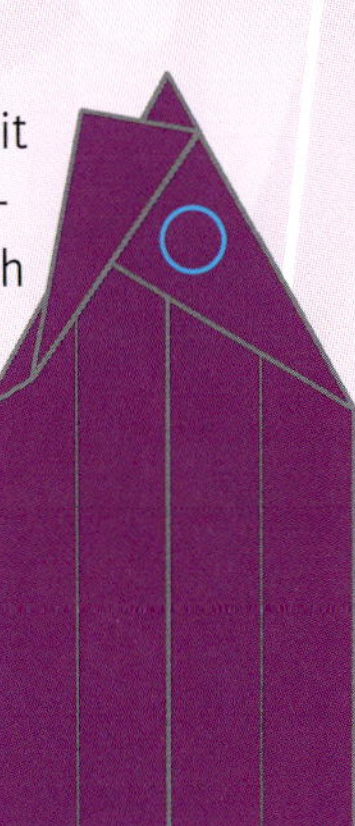

**26** Auch diese Lasche so falten wie in Schritt 24 gezeigt.

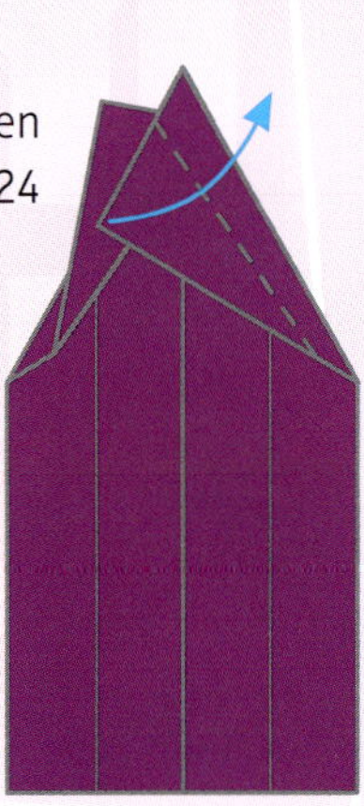

**27** Die Außenseiten zu den jeweils nächstgelegenen Falzlinien nach innen falten.

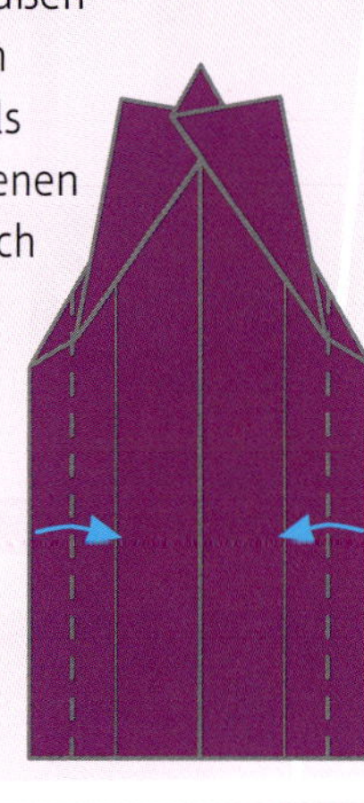

**28** Der erste Arm (oder das erste Bein) ist fertig. Falte nun noch drei weitere Gliedmaßen.

## So faltest du den Schwanz:

Lege das kleine Quadrat mit der weißen Seite nach oben hin, bevor du mit dem Falten beginnst.

**29** In der Mitte diagonal falten.

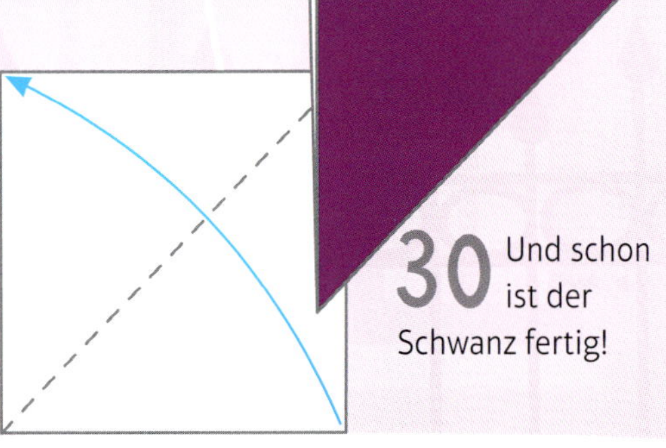

**30** Und schon ist der Schwanz fertig!

## So faltest du die Stacheln:

Für die zwei Stachelteile brauchst du zwei kleine Quadrate, die beide gleich gefaltet werden. Lege sie mit der weißen Seite nach oben hin, bevor du beginnst.

**31** In der Mitte diagonal falten.

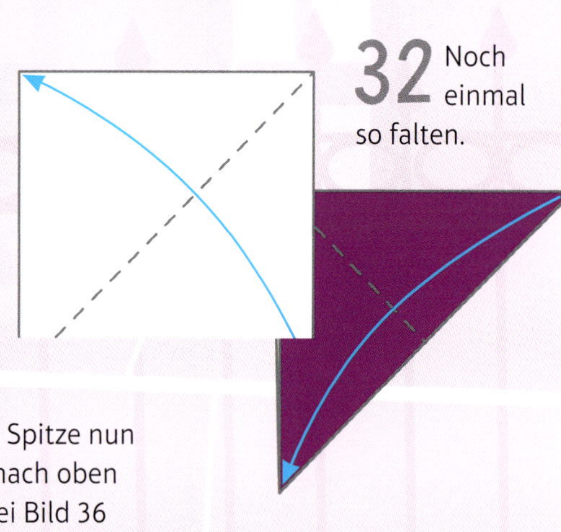

**32** Noch einmal so falten.

**33** Die obere Lage der unteren Spitze nach oben falten. Bild 34 zeigt dir, wie es aussehen soll.

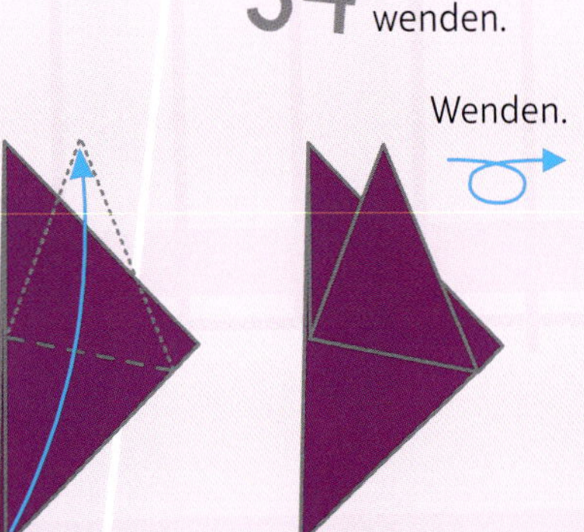


**34** Zur Seite hin wenden.

**35** Die untere Spitze nun ebenfalls nach oben falten. Nimm dabei Bild 36 als Anhaltspunkt.

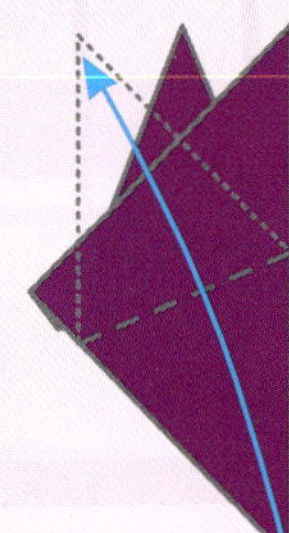

**36** Das erste Stachelteil ist fertig. Nun faltest du noch das zweite.

## So setzt du die Teile zusammen:

**37** Klebe zuerst die Arme wie gezeigt fest. Sie sollen sich auf Gengars Rücken berühren und ungefähr durch die Mitte der Seiten verlaufen.

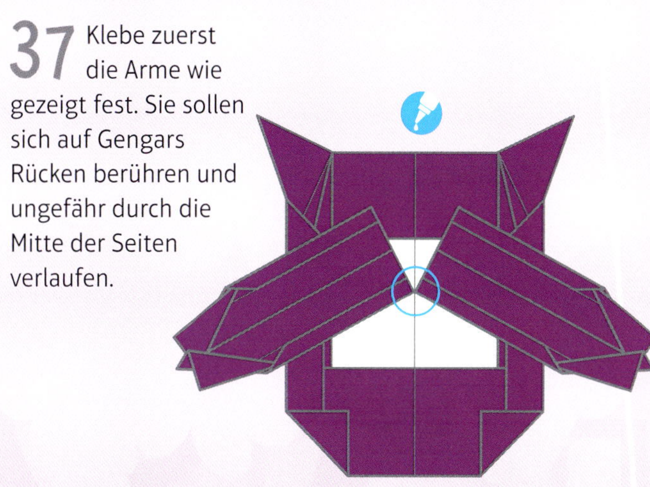

**38** Dann die Beine ankleben. Auch sie berühren sich auf der Rückseite, ungefähr in der Mitte (siehe oberer Kreis). Ihre Außenseiten verlaufen an den Stellen, wo der Körper schmaler wird (die beiden seitlichen Kreise zeigen die Stellen).

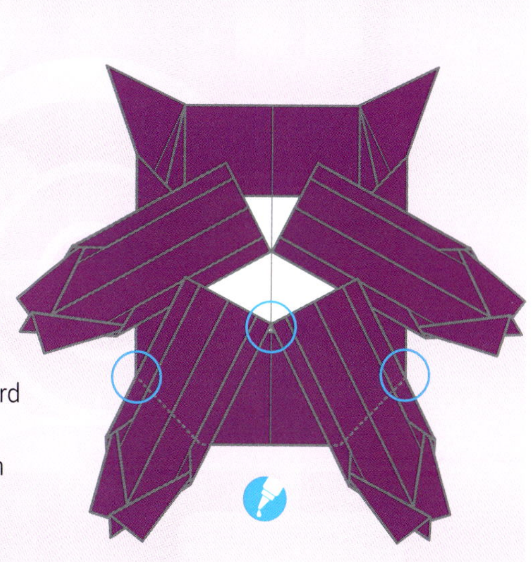

**39** Das erste Stachelteil wie gezeigt ankleben.

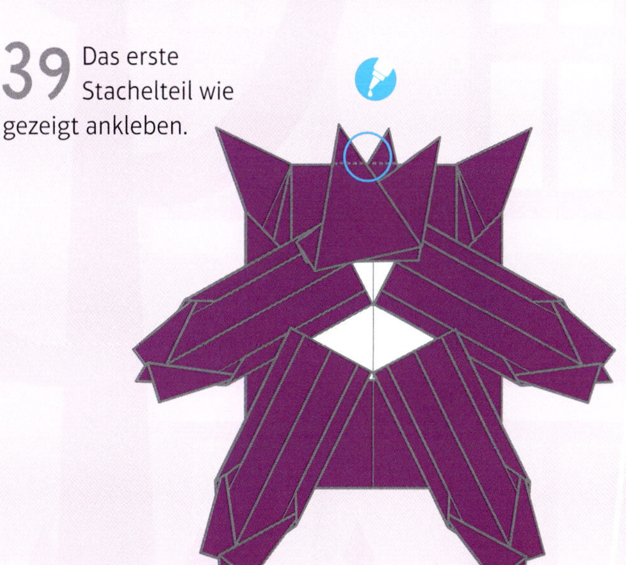

**40** Dann das zweite Stachelteil an die gezeigte Stelle kleben.

**41** Nun musst du nur noch den Schwanz festkleben und Gengar auf den Rücken drehen.

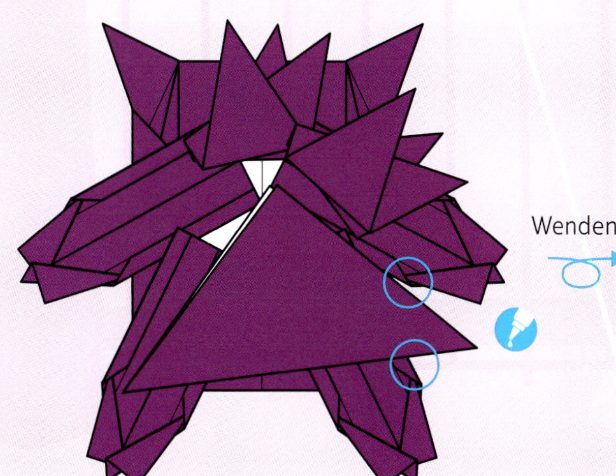


**42** Und fertig ist dein Origami-Gengar.

# Serpifeu

Vielleicht denkst du, ein Grasschlangen-Pokémon ist schwierig zu falten. Doch Serpifeu eignet sich trotz seiner Rundungen perfekt für Origami. Mit seinen großen Augen und der leuchtend grünen Rückenpartie macht das Pokémon auch in Papierform eine gute Figur.

# So faltest du Serpifeu

**Serpifeu besteht aus zwei Bogen Papier: einem großen Quadrat für Kopf und Körper sowie einem kleinen Dreieck für den Schweif.**

Den großen Bogen findest du auf Seite 67 und das kleine Dreieck auf Seite 71.

## Kopf und Körper:

Lege das große Quadrat so hin, dass die weiße Seite sichtbar ist und das Sternchen nach oben zeigt. Falte zuerst die Schritte 1–7 aus der Anleitung zu Pikachu auf Seite 5.

**8** Die beiden mittleren Spitzen nach unten falten. Die linke dann wieder hochklappen.

**9** Die rechte Hälfte des Papiers aufklappen.

**10** Entlang der gepunkteten Linie schneiden.

**11** Mit je einem kurzen Kniff die Mitte der Laschen über und unter dem Schnitt markieren.

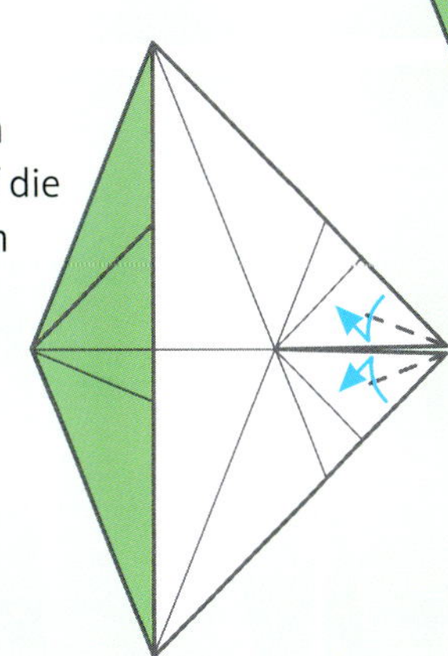

**12** Die Falten, die du in Schritt 9 geöffnet hast, wieder schließen. Das Papier soll nun aussehen wie auf Bild 13.

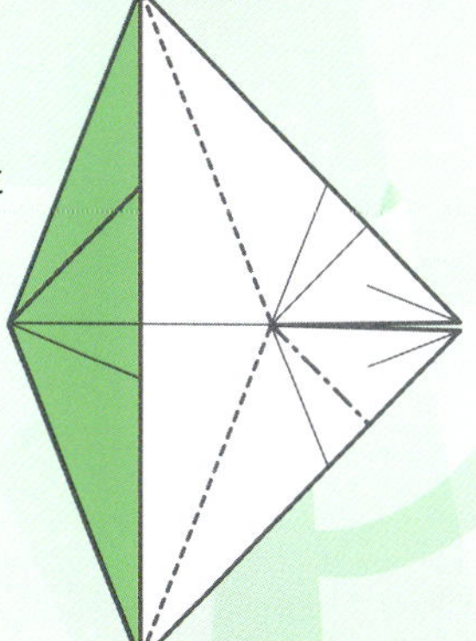

**13** Der Länge nach wenden.

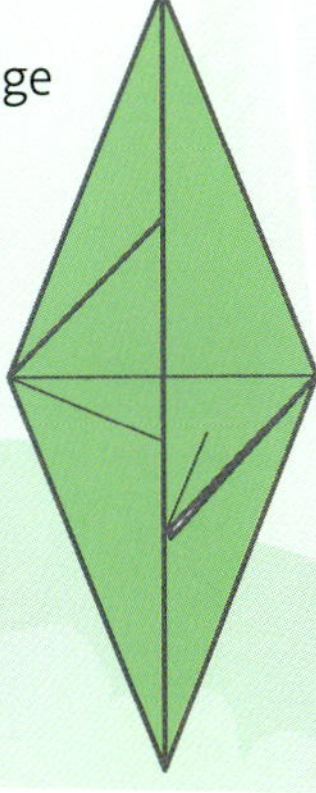

**14** Der Länge nach in der Mitte falten.

Wenden.

**15** Die zuoberst liegende Spitze zur Mitte falten.

**16** Die linke obere Kante so nach unten falten, dass sie an der oberen Kante der kleineren Spitze anliegt.

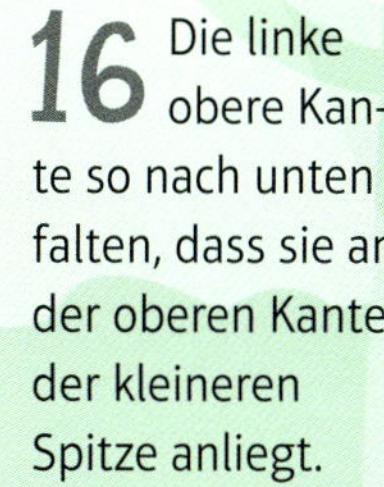

**17** Die Spitze rechts oben wie gezeigt nach links falten.

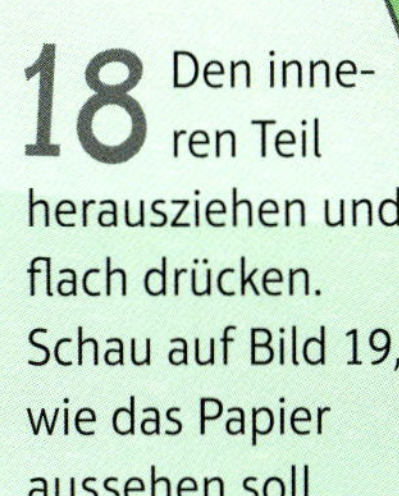

**18** Den inneren Teil herausziehen und flach drücken. Schau auf Bild 19, wie das Papier aussehen soll.

**19** Den unteren Rand des oberen Teils schräg nach oben falten, wie auf dem Bild gezeigt.

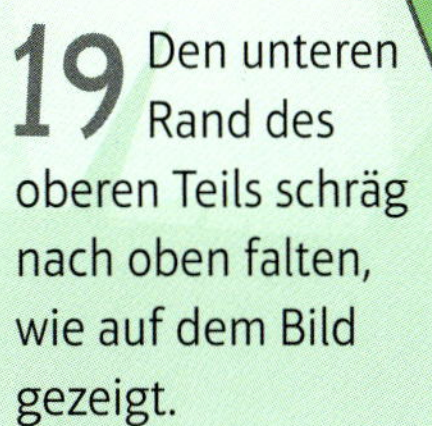

**20** Den linken Rand dieses Teils nach unten bis zur schrägen Falzlinie falten.

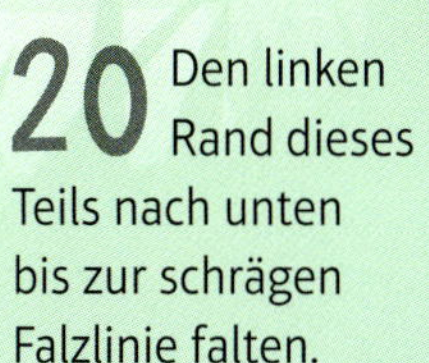

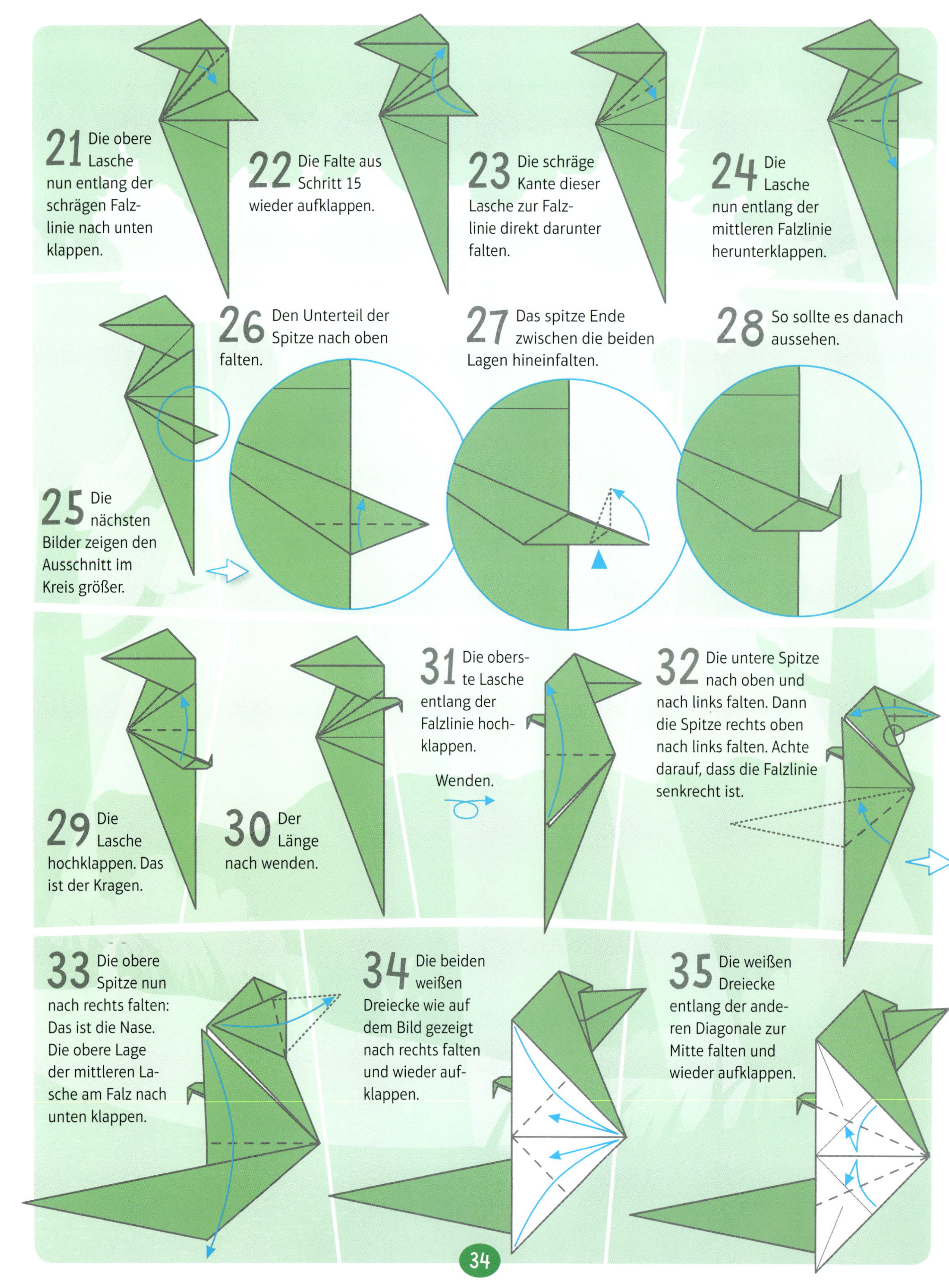
21 Die obere Lasche nun entlang der schrägen Falzlinie nach unten klappen.
22 Die Falte aus Schritt 15 wieder aufklappen.
23 Die schräge Kante dieser Lasche zur Falzlinie direkt darunter falten.
24 Die Lasche nun entlang der mittleren Falzlinie herunterklappen.
25 Die nächsten Bilder zeigen den Ausschnitt im Kreis größer.
26 Den Unterteil der Spitze nach oben falten.
27 Das spitze Ende zwischen die beiden Lagen hineinfalten.
28 So sollte es danach aussehen.
29 Die Lasche hochklappen. Das ist der Kragen.
30 Der Länge nach wenden.
31 Die oberste Lasche entlang der Falzlinie hochklappen.
Wenden.
32 Die untere Spitze nach oben und nach links falten. Dann die Spitze rechts oben nach links falten. Achte darauf, dass die Falzlinie senkrecht ist.
33 Die obere Spitze nun nach rechts falten: Das ist die Nase. Die obere Lage der mittleren Lasche am Falz nach unten klappen.
34 Die beiden weißen Dreiecke wie auf dem Bild gezeigt nach rechts falten und wieder aufklappen.
35 Die weißen Dreiecke entlang der anderen Diagonale zur Mitte falten und wieder aufklappen.

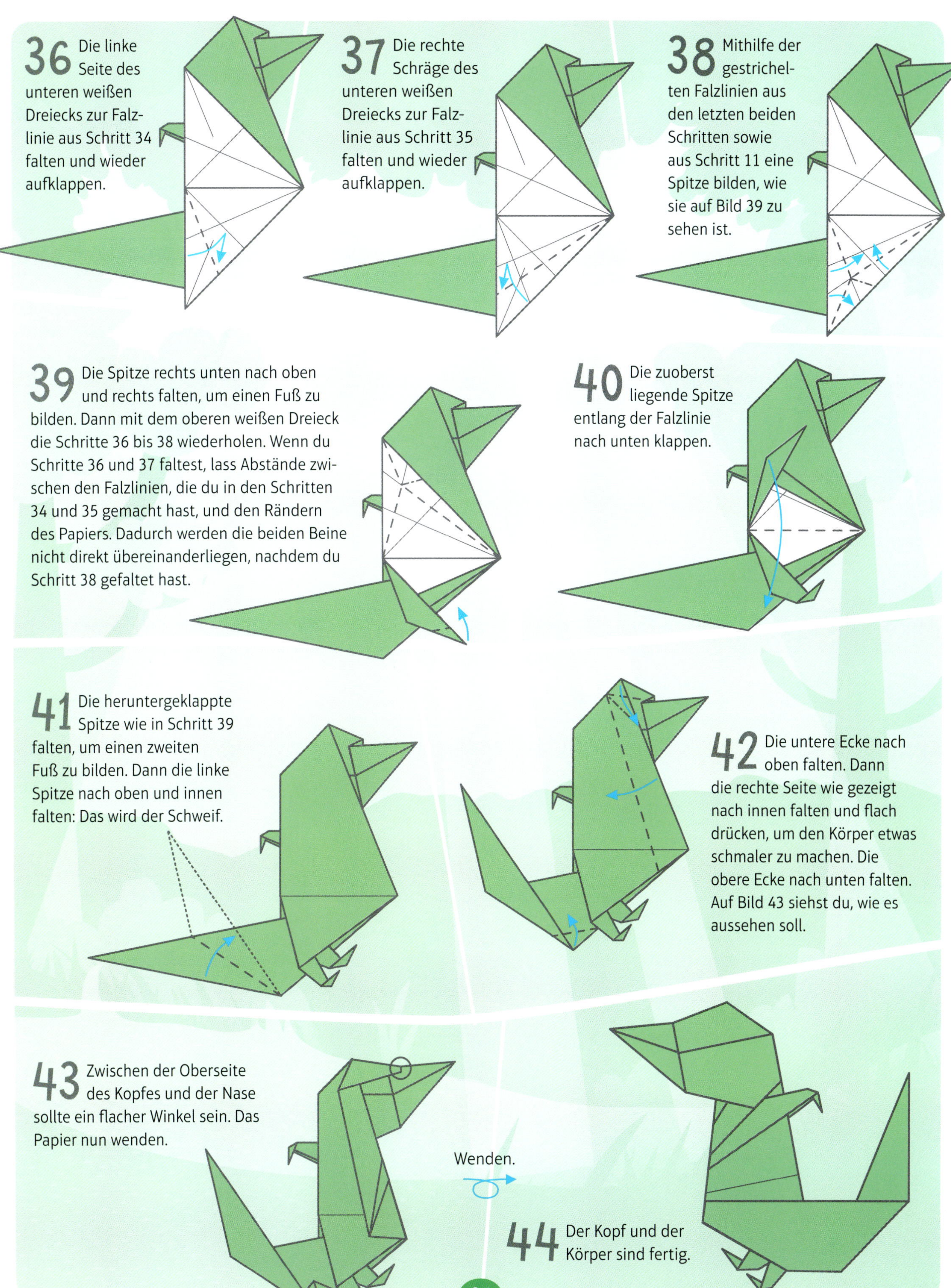

36 Die linke Seite des unteren weißen Dreiecks zur Falzlinie aus Schritt 34 falten und wieder aufklappen.

37 Die rechte Schräge des unteren weißen Dreiecks zur Falzlinie aus Schritt 35 falten und wieder aufklappen.

38 Mithilfe der gestrichelten Falzlinien aus den letzten beiden Schritten sowie aus Schritt 11 eine Spitze bilden, wie sie auf Bild 39 zu sehen ist.

39 Die Spitze rechts unten nach oben und rechts falten, um einen Fuß zu bilden. Dann mit dem oberen weißen Dreieck die Schritte 36 bis 38 wiederholen. Wenn du Schritte 36 und 37 faltest, lass Abstände zwischen den Falzlinien, die du in den Schritten 34 und 35 gemacht hast, und den Rändern des Papiers. Dadurch werden die beiden Beine nicht direkt übereinanderliegen, nachdem du Schritt 38 gefaltet hast.

40 Die zuoberst liegende Spitze entlang der Falzlinie nach unten klappen.

41 Die heruntergeklappte Spitze wie in Schritt 39 falten, um einen zweiten Fuß zu bilden. Dann die linke Spitze nach oben und innen falten: Das wird der Schweif.

42 Die untere Ecke nach oben falten. Dann die rechte Seite wie gezeigt nach innen falten und flach drücken, um den Körper etwas schmaler zu machen. Die obere Ecke nach unten falten. Auf Bild 43 siehst du, wie es aussehen soll.

43 Zwischen der Oberseite des Kopfes und der Nase sollte ein flacher Winkel sein. Das Papier nun wenden.

Wenden.

44 Der Kopf und der Körper sind fertig.

## So faltest du den Schweif:

Lege das kleine Dreieck so hin, dass die weiße Seite zu sehen ist und das Sternchen nach unten zeigt.

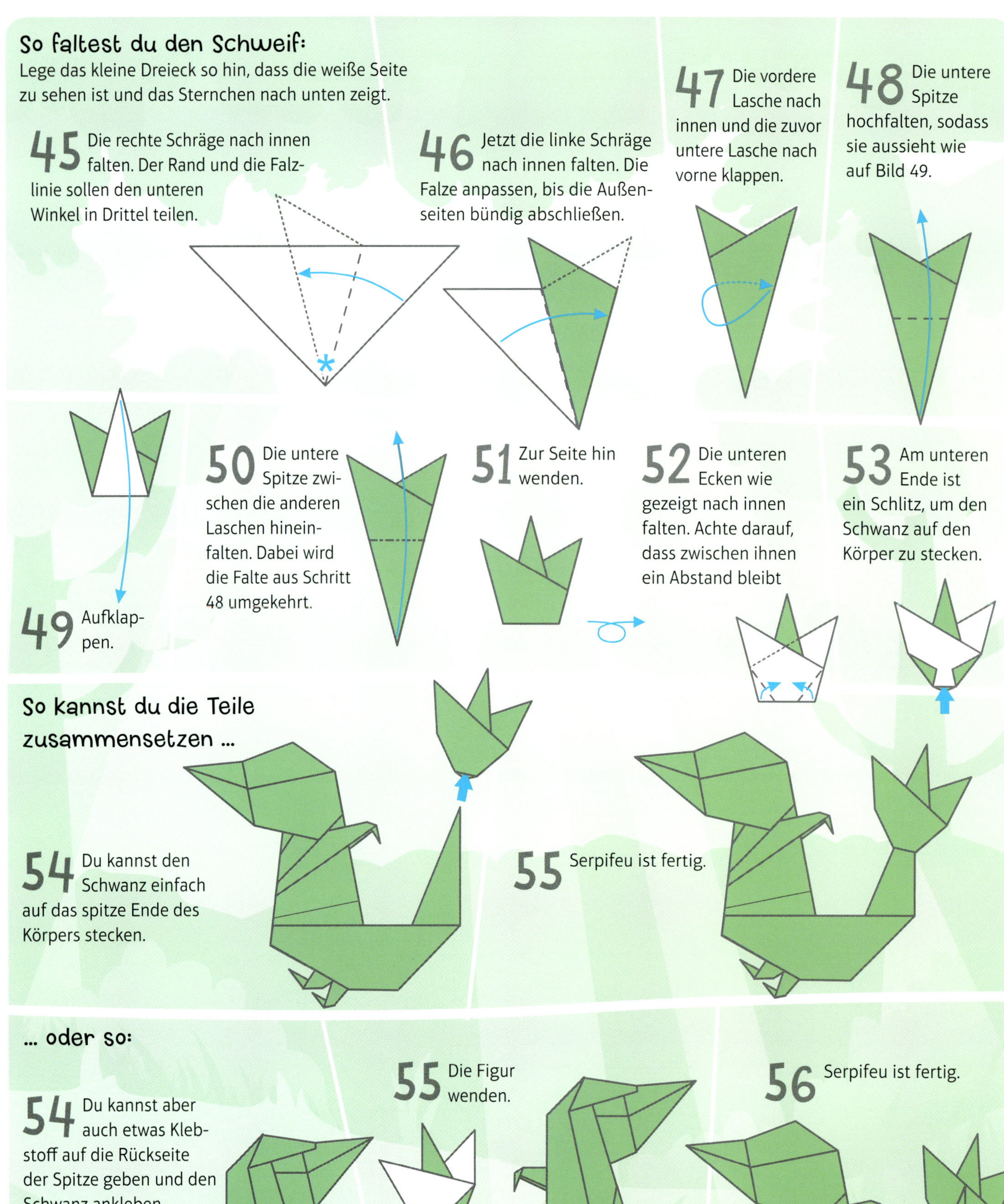

**45** Die rechte Schräge nach innen falten. Der Rand und die Falzlinie sollen den unteren Winkel in Drittel teilen.

**46** Jetzt die linke Schräge nach innen falten. Die Falze anpassen, bis die Außenseiten bündig abschließen.

**47** Die vordere Lasche nach innen und die zuvor untere Lasche nach vorne klappen.

**48** Die untere Spitze hochfalten, sodass sie aussieht wie auf Bild 49.

**49** Aufklappen.

**50** Die untere Spitze zwischen die anderen Laschen hineinfalten. Dabei wird die Falte aus Schritt 48 umgekehrt.

**51** Zur Seite hin wenden.

**52** Die unteren Ecken wie gezeigt nach innen falten. Achte darauf, dass zwischen ihnen ein Abstand bleibt

**53** Am unteren Ende ist ein Schlitz, um den Schwanz auf den Körper zu stecken.

## So kannst du die Teile zusammensetzen …

**54** Du kannst den Schwanz einfach auf das spitze Ende des Körpers stecken.

**55** Serpifeu ist fertig.

## … oder so:

**54** Du kannst aber auch etwas Klebstoff auf die Rückseite der Spitze geben und den Schwanz ankleben.

**55** Die Figur wenden.

Wenden.

**56** Serpifeu ist fertig.

# Evoli

Evoli ist ein Pokémon, das voller Überraschungen steckt. Man sieht ihm gar nicht an, dass es sich in so viele verschiedene Formen entwickeln kann - so wie man ein einfaches Blatt Papier in allen möglichen Variationen falten kann.

**TYP:** Normal **GRÖSSE:** 0,3 m **GEWICHT:** 6,5 kg

# So faltest du

# Evoli

Evoli besteht aus zwei Bogen Papier: einem großen Quadrat für Kopf, Körper und Beine sowie einem kleinen Quadrat für den Schweif.

Den großen Bogen findest du auf Seite 69 und das kleine Quadrat auf Seite 71.

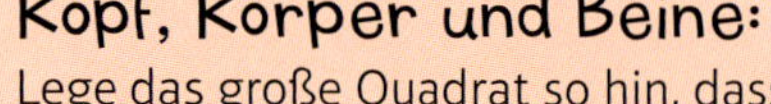

## Kopf, Körper und Beine:

Lege das große Quadrat so hin, dass die weiße Seite des Papiers zu sehen ist und das Sternchen nach oben zeigt.

1 Von rechts nach links falten und aufklappen.

2 Von oben nach unten falten.

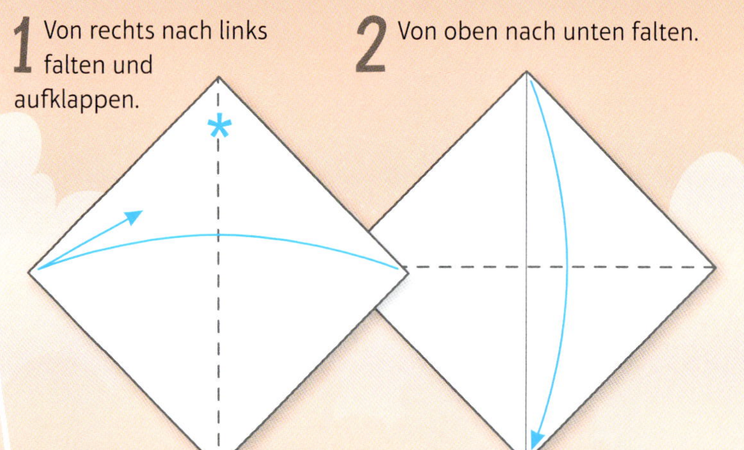


3 Die linke Schräge zur Mitte falten.

4 Die obere Lasche auseinanderziehen und flach drücken, wie auf Bild 5 gezeigt.

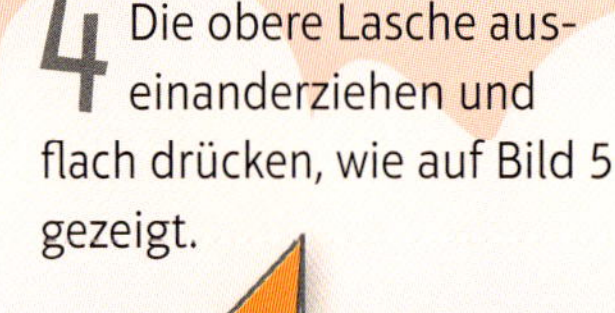

5 Nun zur Seite hin wenden.

6 Die linke Seite zur senkrechten Falzlinie falten.

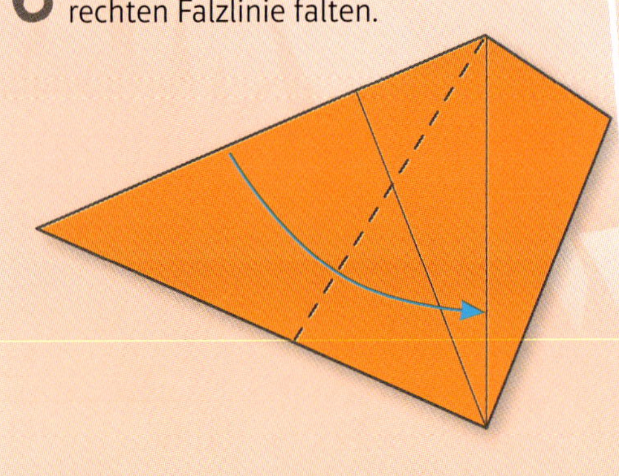

7 Aufklappen.

8 Die linke Spitze an der senkrechten Linie hochklappen, auseinanderziehen und symmetrisch flach drücken.

**9** Die unteren Ränder zur Mitte hin falten.

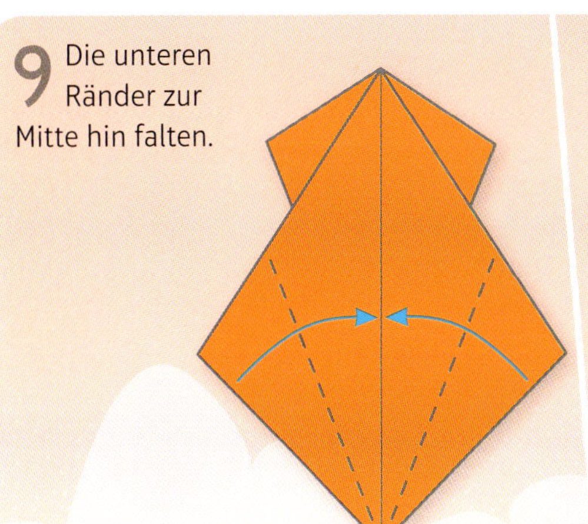

**10** Den oberen Teil nach unten falten, sodass zwischen den beiden seitlichen Ecken eine waagerechte Falzlinie entsteht (siehe Bild). Dann wieder aufklappen.

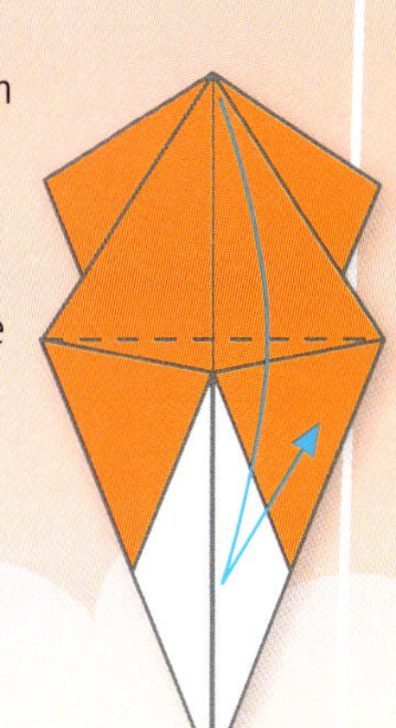

**11** Die Faltungen aus Schritt 9 wieder aufklappen.

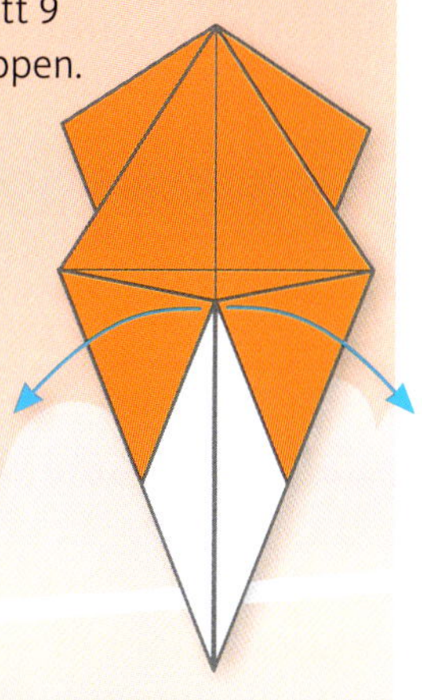

**12** Den unteren Teil entlang der Falzlinie aus Schritt 10 hochklappen, auseinanderziehen, die Seiten erst nach innen und dann flach drücken (siehe Bild 13).

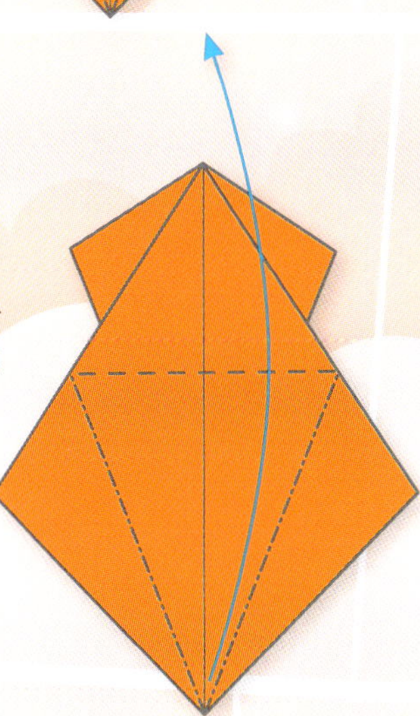

**13** Der Länge nach wenden.

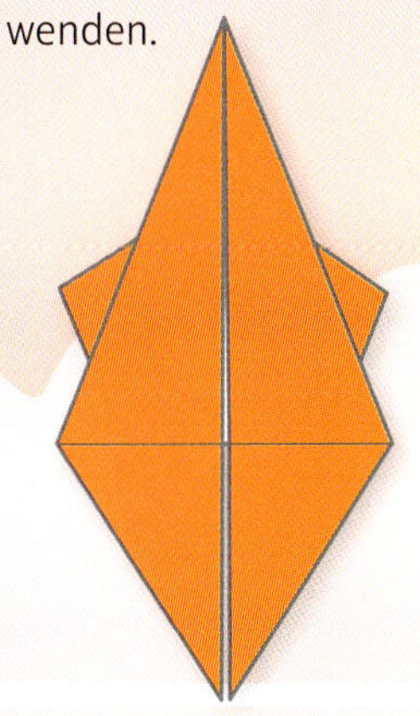

Wenden.

**14** Die seitlichen Ränder der obersten Lage zur Mitte falten.

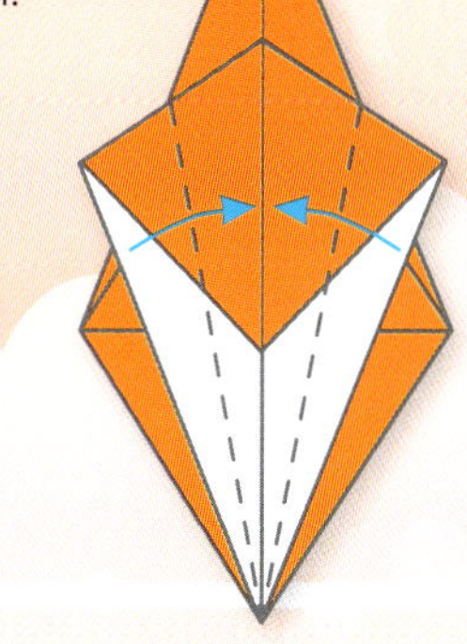

**15** Die obere Spitze entlang der gestrichelten Linie nach unten falten und wieder hochklappen.

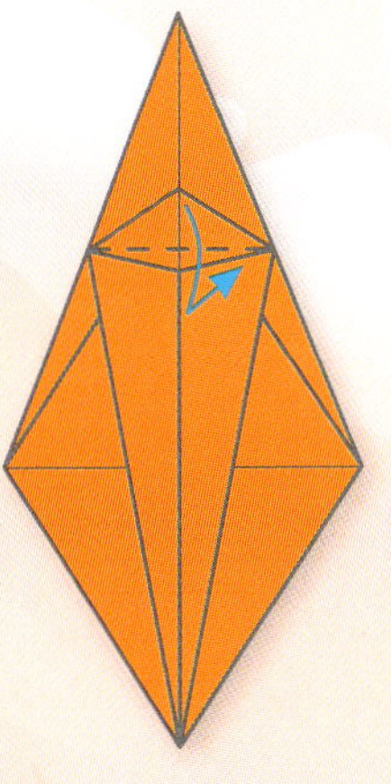

**16** Die Faltungen aus Schritt 14 wieder aufklappen.

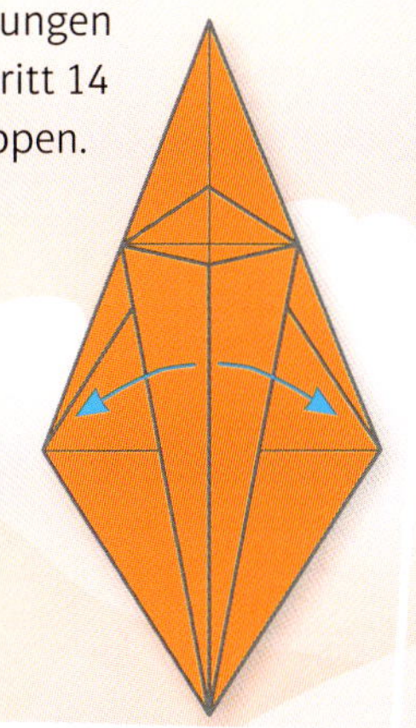

**17** Die mittlere Spitze entlang der Falzlinie aus Schritt 15 ganz nach oben klappen und die Seiten nach innen drücken, sodass das Papier aussieht wie auf Bild 18. Beim Flachdrücken entstehen zwei neue Falze.

**18** Die Spitze, die zuoberst liegt, zur unteren Spitze falten und wieder aufklappen. Diese Faltung wird nur in den oberen Lagen des Papiers gemacht.

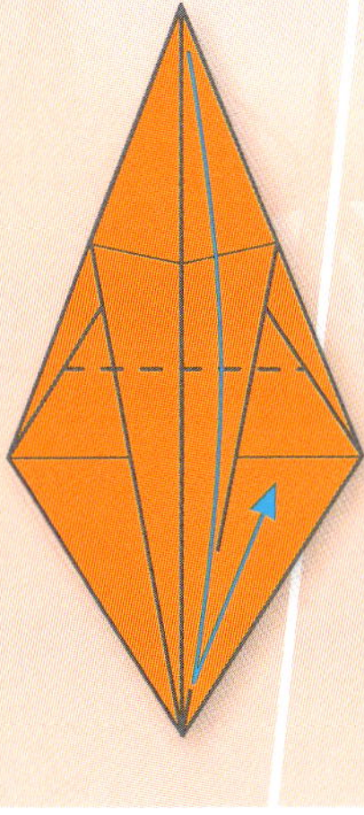

**19** Zwischen den markierten Punkten zwei Falze machen und diese verwenden, um die obere Lage Papier auseinanderzuziehen, nach unten zu klappen und flach zu drücken (siehe Bild 20).

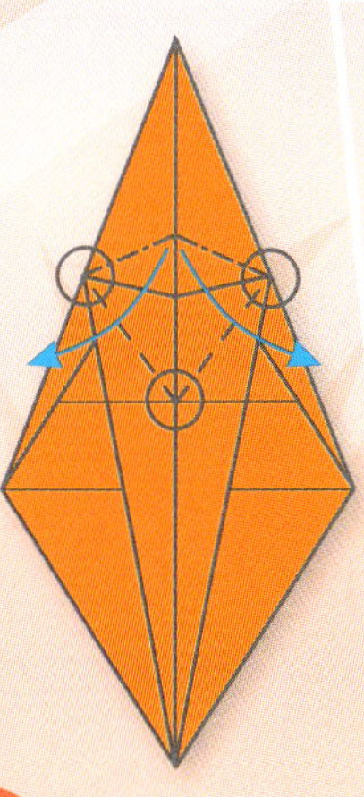

**20** Die Spitze der oberen Lagen entlang der Falzlinie aus Schritt 18 nach unten klappen.

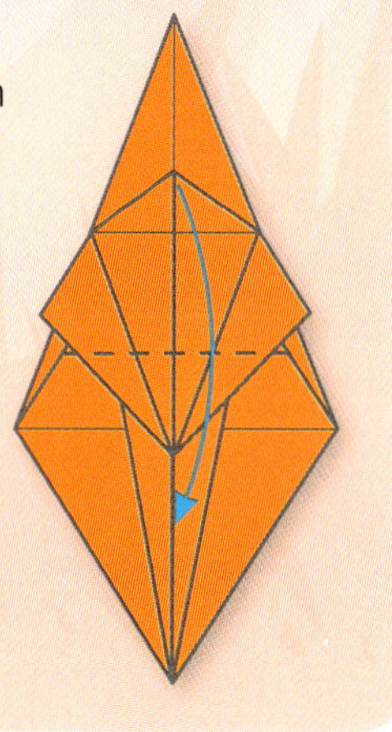

**21** Die zuoberst liegende Spitze nach oben falten, sodass der Falz aus Schritt 15 genau entlang der Kante der unteren Lage verläuft.

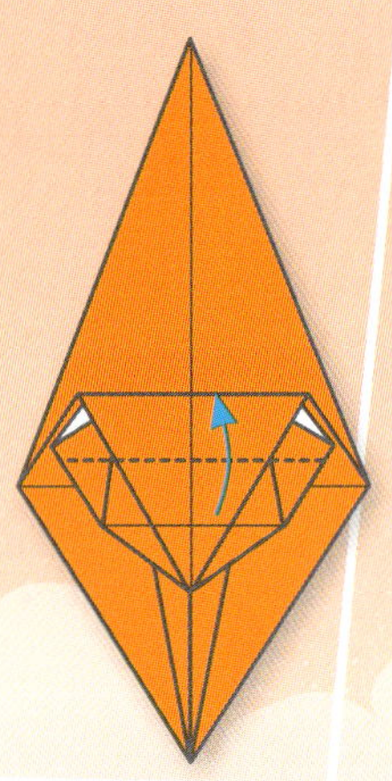

**22** Die mit dem Kreis markierte Lasche herausziehen und flach drücken, wie auf Bild 23 gezeigt.

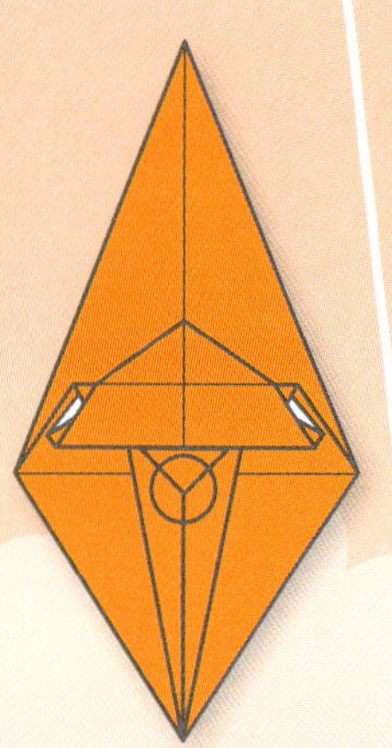

**23** Die linke Seite dieser Lasche nach unten falten, sodass sie mit dem unteren Rand bündig ist.

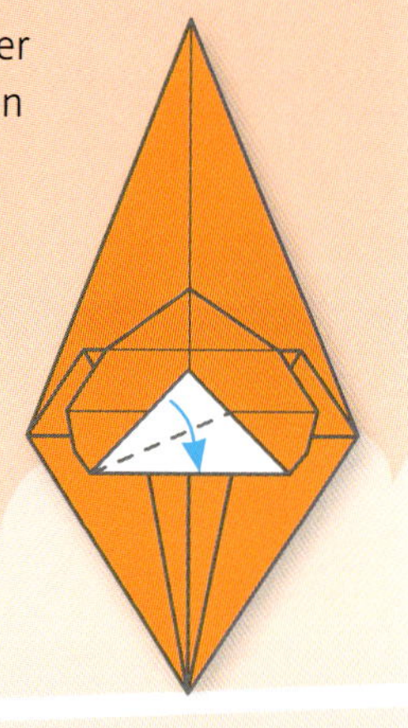

**24** Nun auch die rechte Seite auf die gleiche Weise nach unten falten.

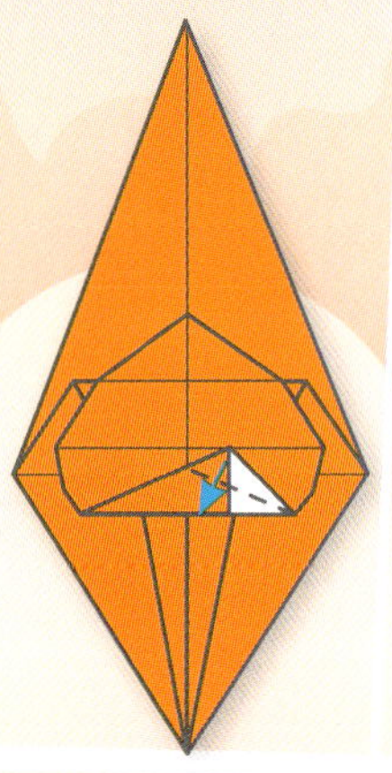

**25** Die eben gefaltete Lasche nach unten klappen.

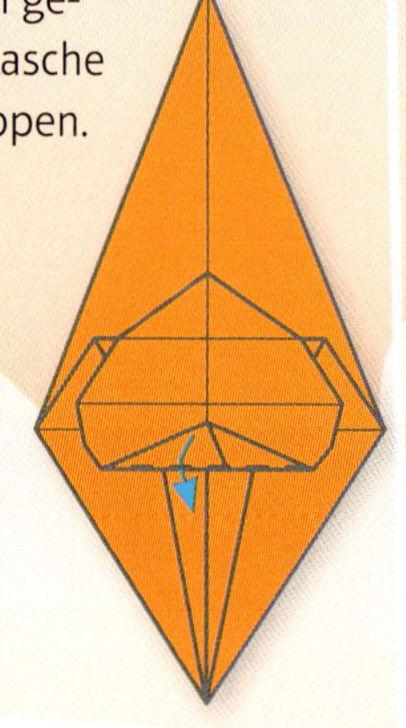

**26** Der Länge nach wenden.

**27** Die zwei seitlichen Ecken wie gezeigt zur Mitte falten.

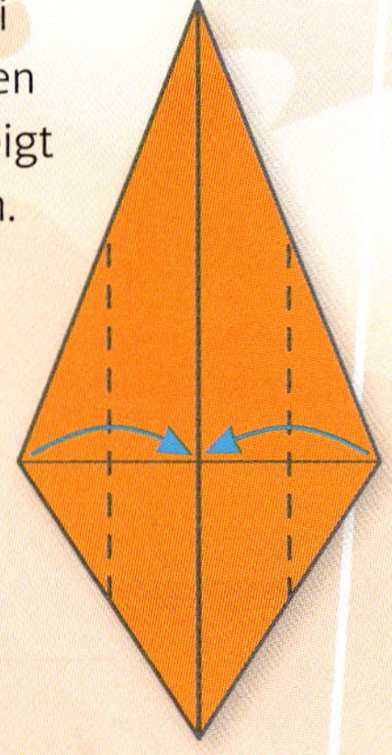

**28** Nun werden die Füße gefaltet. Zuerst die rechte untere Spitze zum Punkt im Kreis falten.

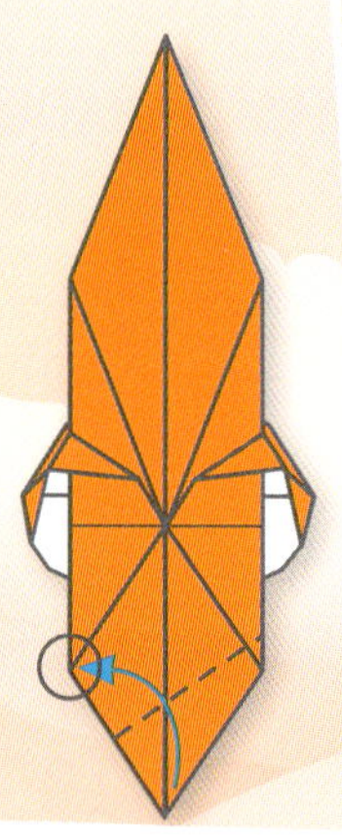

**29** Dann das Ende der Spitze nach rechts falten. Das ist der erste Fuß. Falte ihn so, dass die Sohle waagerecht ist.

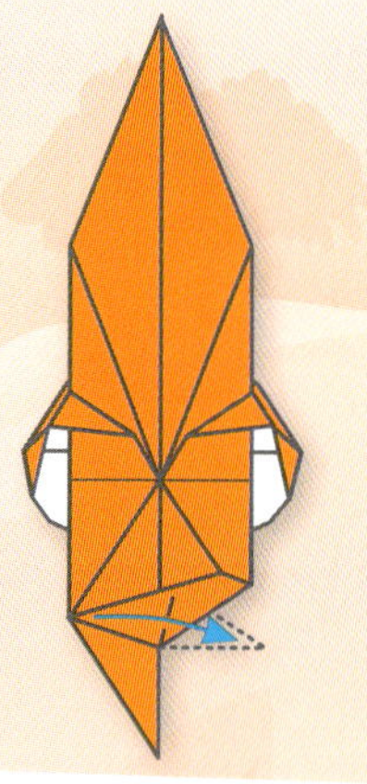

**30** Schritt 28 und 29 auf der linken Seite wiederholen. Dazu musst du zuerst die Faltungen dieser Schritte öffnen, bis du den linken Fuß gefaltet hast.

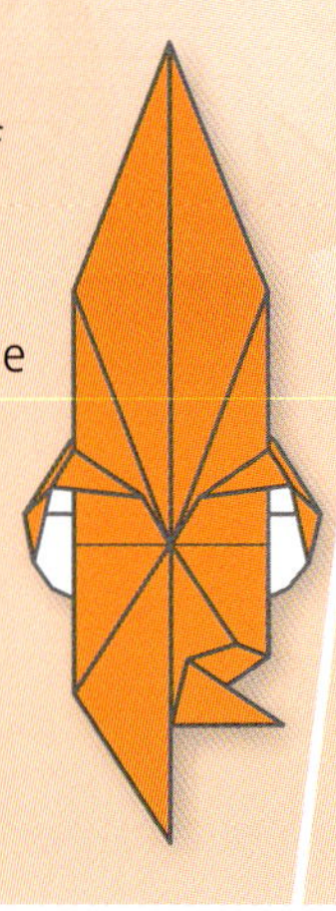

**31** Die beiden Sohlen sollen eine waagerechte Linie bilden. Es kann sein, dass du deine Faltungen dafür noch einmal korrigieren musst. Das Papier dann wenden.

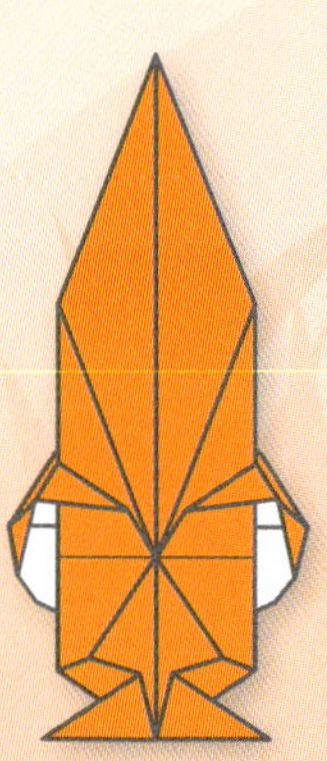

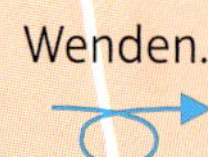


**32** Die Spitze der obersten Lage entlang der bestehenden Falzlinie nach hinten klappen und in den Schlitz dahinter stecken.

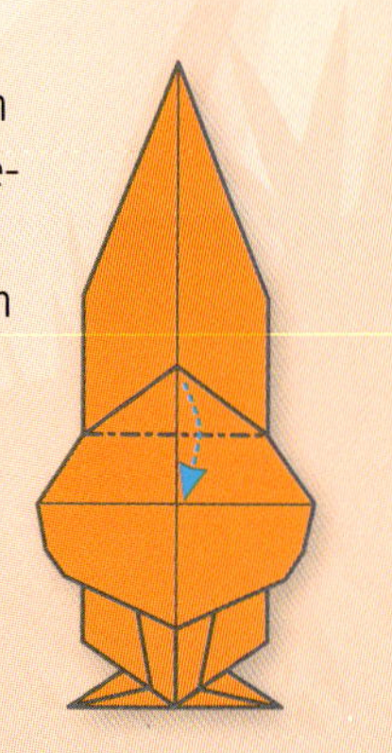

**33** Den oberen Teil nach unten klappen.

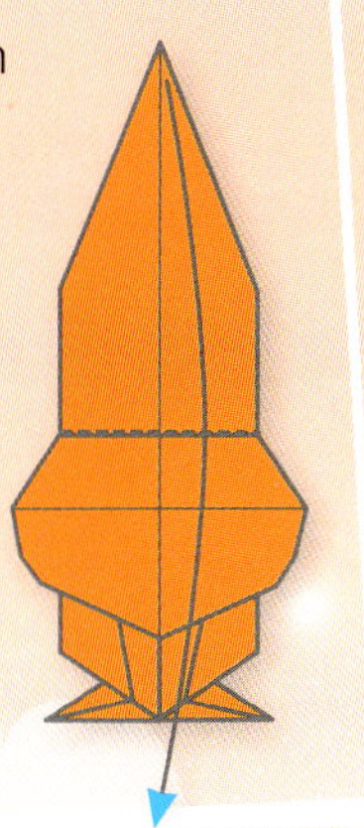

**34** Die Spitze dann nach oben falten. Mach den Falz möglichst da, wo sich auf dem Bild die gestrichelte Linie befindet.

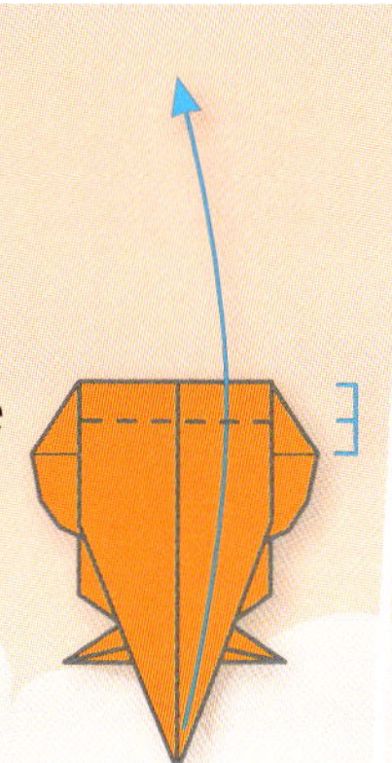

**35** Die beiden unteren Ecken der obersten Lage nach innen falten, um den Kopf abzurunden. Dann die oberen Laschen der Füße nach unten ziehen.

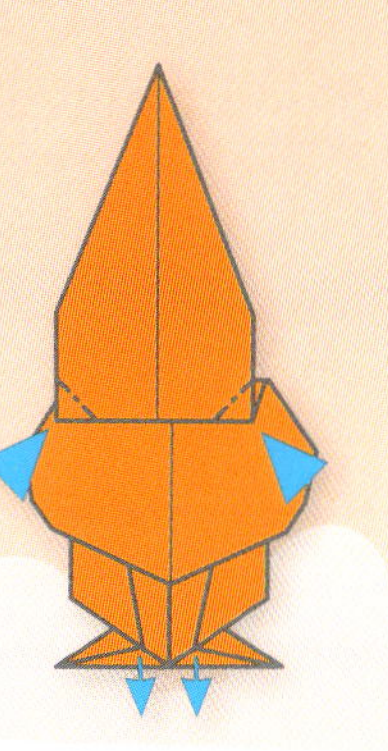

**36** Die Unterseiten der Füße nun nach hinten falten, sodass man sie nicht sieht. Wenn du ganz sauber arbeiten willst, stecke sie in die Schlitze an der Unterseite der Füße.

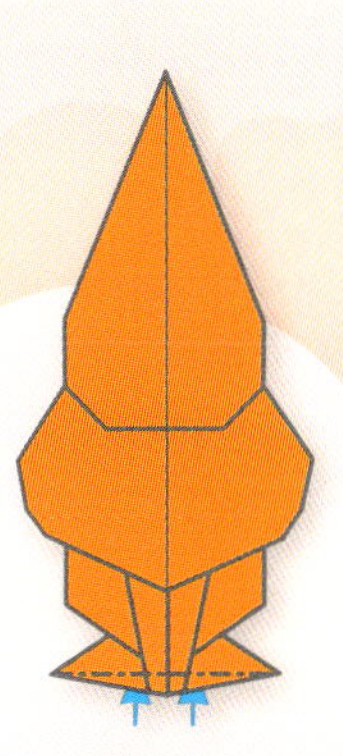

**37** Dann wieder wenden.

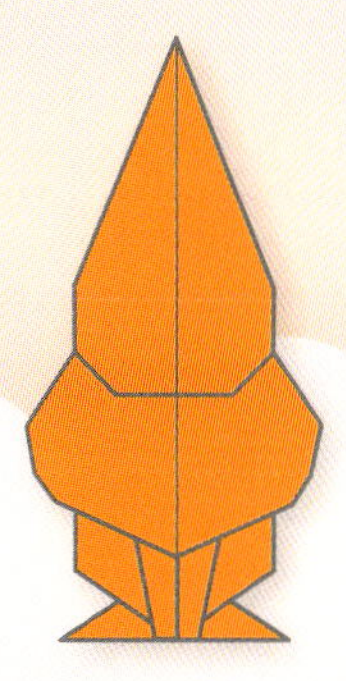

Wenden.

**38** Die obere Spitze nach unten falten. Auf Bild 39 siehst du, wie es aussehen soll.

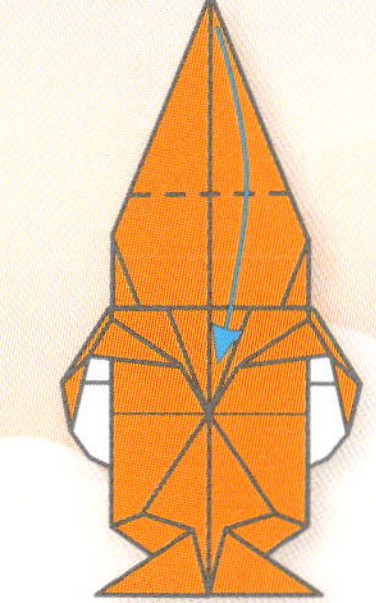

**39** Entlang der gepunkteten Linie schneiden, um die Ohren zu trennen. Dann die Fußspitzen nach innen falten, um die Füße abzurunden.

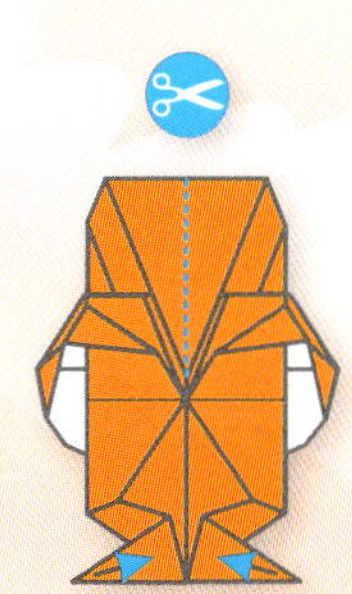

**40** Die Ohren wie gezeigt nach oben falten.

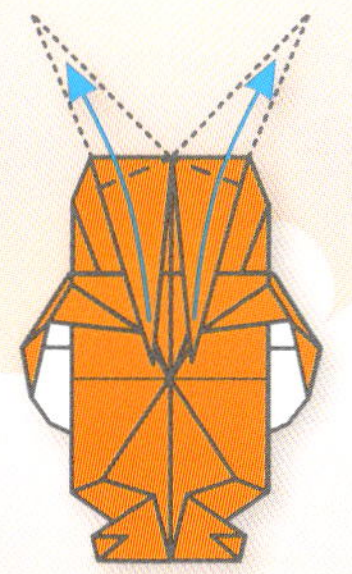

**41** Nun fehlt Evoli nur noch der Schweif.

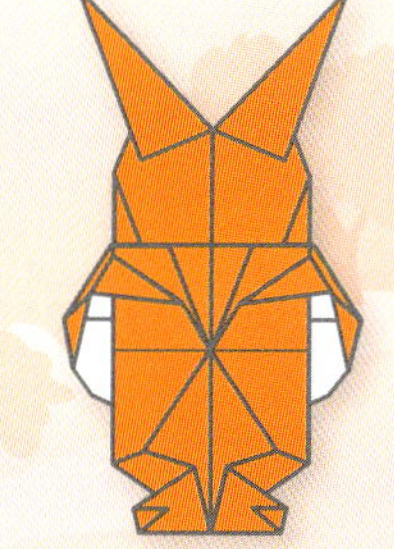

## So faltest du den Schweif:

Lege das kleine Quadrat so hin, dass die weiße Seite zu sehen ist und das Sternchen nach oben zeigt.

**42** Von oben nach unten falten und wieder aufklappen.

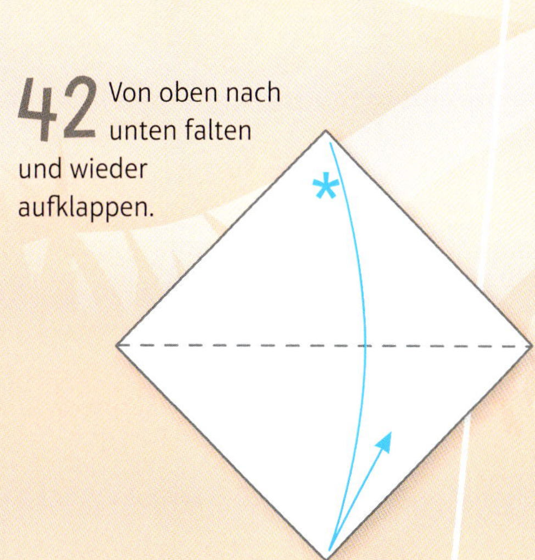


**43** Die beiden Schrägen auf der rechten Seite zur Mitte falten.

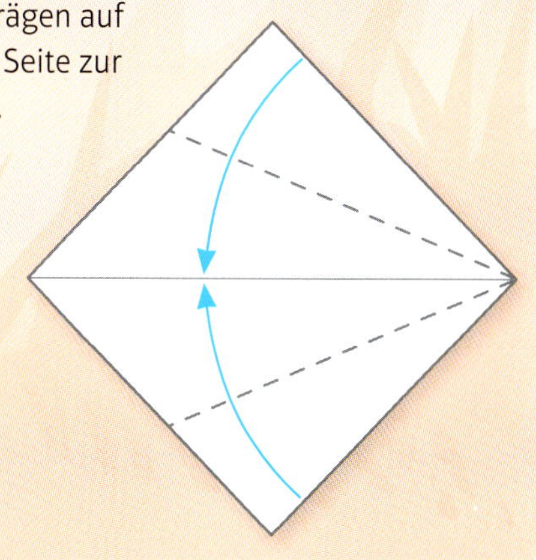

**44** Nun die linken Schrägen ebenfalls zur Mitte falten.

**45** Die rechte Spitze so nach innen falten, dass die rechte untere Kante durch den oberen markierten Punkt verläuft (siehe Bild 46).

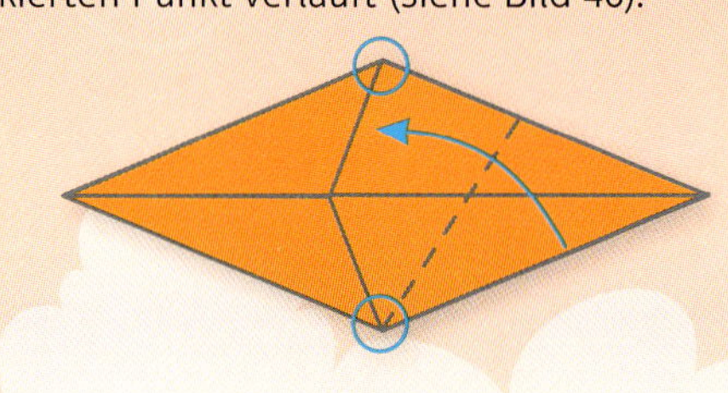

**46** Wieder aufklappen.

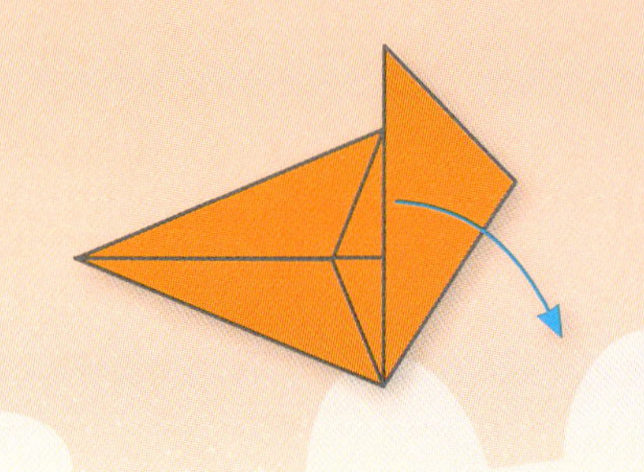

**47** Falte nun die rechte untere Kante zur Falzlinie, die du in Schritt 46 gemacht hast.

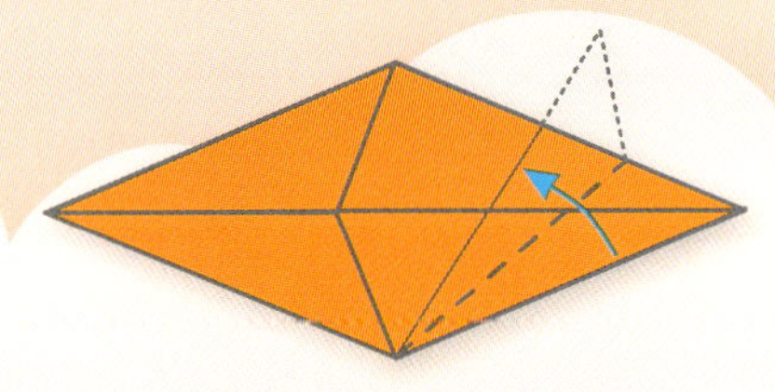

**48** Die rechte Spitze nach innen falten, sodass sie auf der oberen Kante aufliegt.

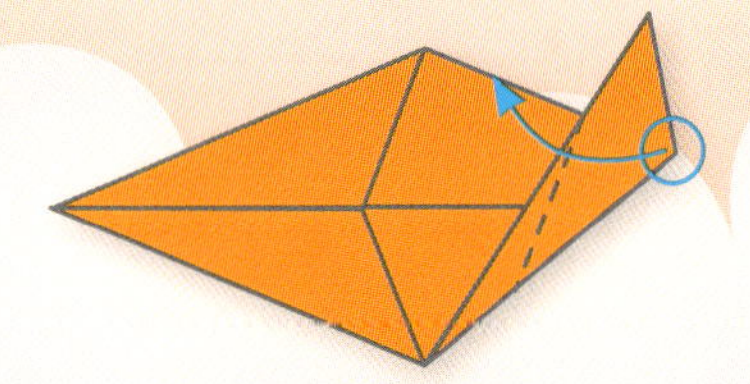

**49** Die untere Ecke nach innen falten, um den Schweif abzurunden (siehe Bild 50).

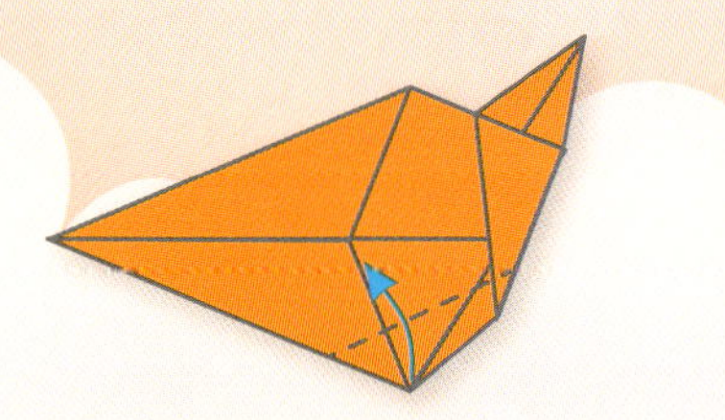

## So befestigst du den Schweif:

**50** Du kannst den Schweif mit Klebstoff oder Klebeband am Körper anbringen. Alternativ kannst du den Schritten 51 bis 54 folgen, um ihn umzuformen und festzustecken.

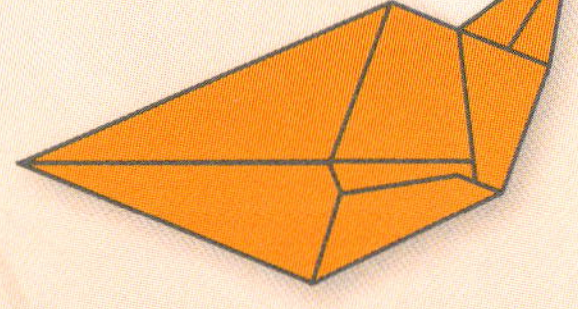

Wenden.

**51** Die rechte Spitze wie gezeigt zur oberen Kante falten.

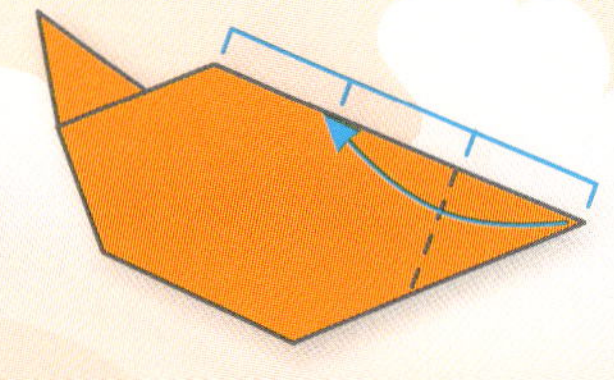

**52** Zur Seite hin wenden.

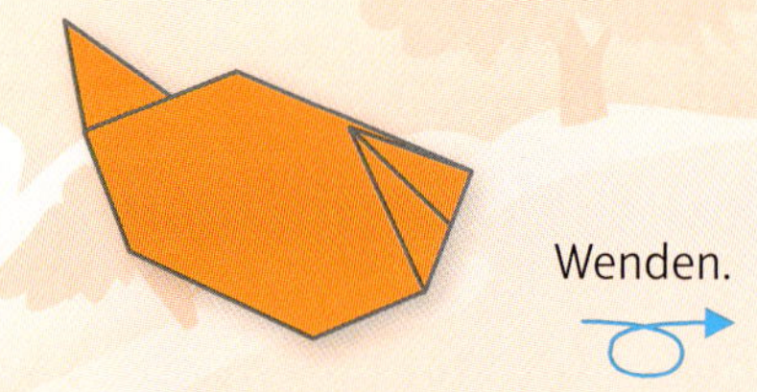

Wenden.

**53** Nun kannst du die neu gefaltete Lasche am Schweif einfach auf Evolis Rücken zwischen die Papierschichten stecken.

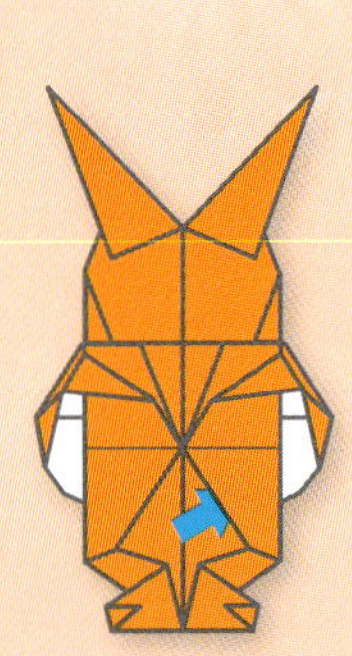

**54** Und so sieht das aus. Wende nun das Papier.

**55** Die zwei Hälften der Figur entlang des senkrechten Mittelfalzes leicht nach hinten klappen. Evoli ist fertig.

# Glurak

Unter Pokémon-Fans ist Glurak sehr beliebt. Aber ganz ehrlich: Mit seinen Flügeln, Krallen und dem kleinen Kopf ist es unter allen Origami-Pokémon in diesem Buch am schwierigsten zu falten. Wie beim Kämpfen gilt: Bereite dich gut vor, bevor du dich der Herausforderung stellst.

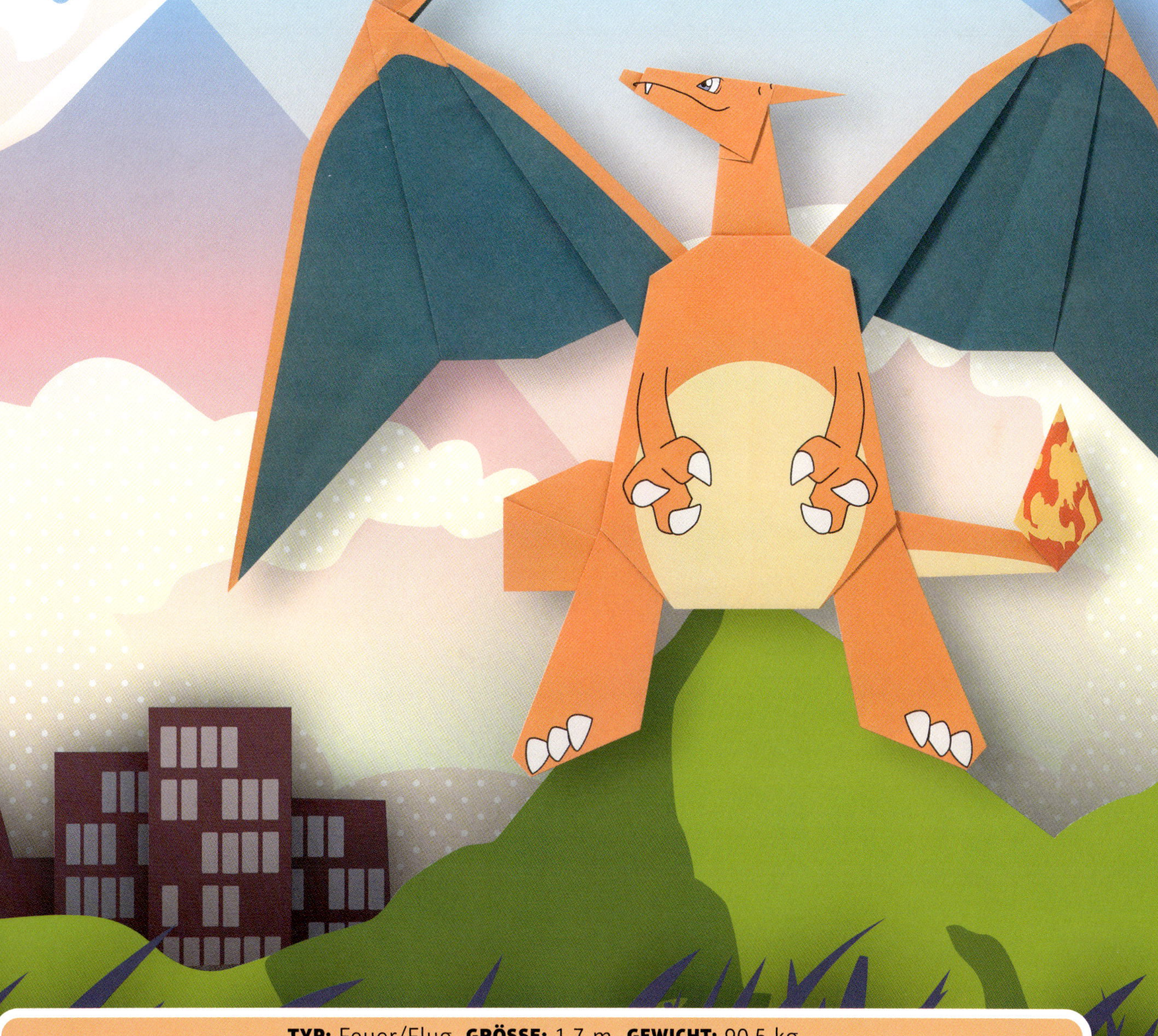

**TYP:** Feuer/Flug **GRÖSSE:** 1,7 m **GEWICHT:** 90,5 kg

# So faltest du Glurak

Glurak besteht aus fünf Bogen Papier: zwei großen Quadraten für Kopf, Körper und Schwanz sowie drei Dreiecken für Flügel und Beine.

Die großen Bogen findest du auf den Seiten 73 und 75, die Dreiecke auf den Seiten 77 und 79.

## Kopf und Körper:

Lege das große Quadrat für Kopf und Körper so hin, dass die weiße Seite zu sehen ist und das Sternchen nach oben zeigt.

1 Nach links falten und aufklappen.

2 Die zwei oberen Schrägen zur Mitte falten.

3 Noch einmal die beiden oberen Schrägen zur Mitte falten.

4 Der Länge nach wenden.

Wenden.

5 Von oben nach unten falten.

6 Wieder wenden.

Wenden.

7 Den oberen Rand nach unten falten. Dabei klappt die darunterliegende Spitze nach oben.

8 Die obere Spitze nach unten falten und wieder hochklappen. Die untere Ecke nach oben falten.

9 Die unteren Ecken nach innen falten. Die nächsten Schritte betreffen den markierten Bereich und bilden das Horn.

10 Entlang der Punktlinie schneiden, um das Horn freizulegen.

11 So soll es danach aussehen.

12 Die obere Spitze entlang der Falzlinie aus Schritt 8 nach unten klappen. Dabei richtet sich das Horn auf.

13 Der Länge nach wenden.

Wenden.

14 Die Ecke links oben nach innen falten. Dabei klappt der Kopf nach links (siehe Bild 15).

15 Wieder wenden.

Wenden.

**16** Um den Hals schmaler zu machen, die beiden Seiten nach innen falten und die Knicke flach drücken. Das Ergebnis soll aussehen wie auf Bild 17.

**17** Schau dir an, wie das Papier oben am Hals anliegt. Die Bilder in den Kreisen zeigen dir, wie du die Schnauze faltest.

**18** Die Spitze wie gezeigt nach innen falten.

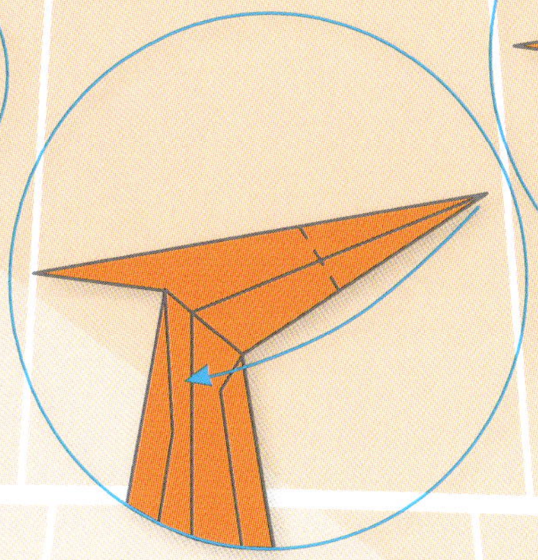

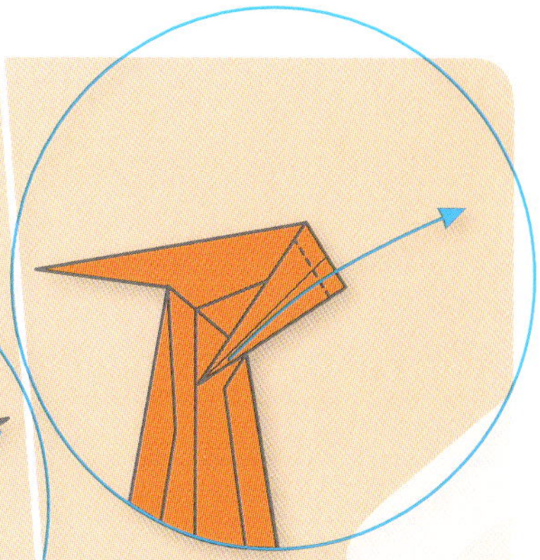

**19** Das Ende der Spitze wieder nach rechts falten.

**20** Das Ende der Spitze nach innen falten, um die Schnauze abzuflachen.

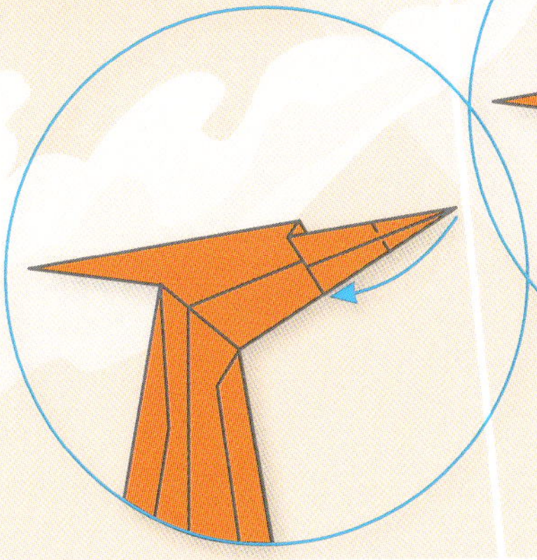

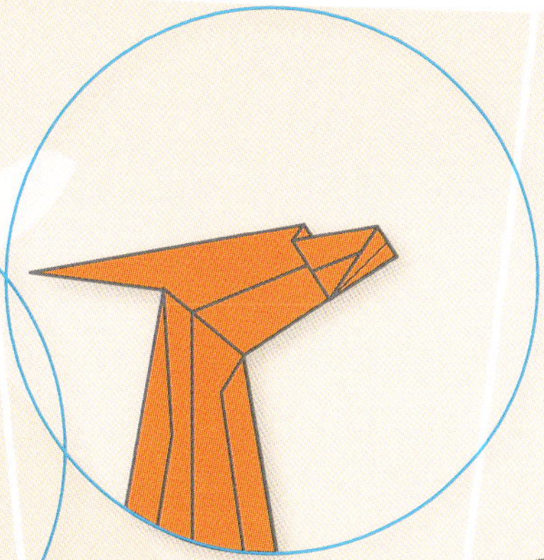

**21** Der Kopf ist fertig.

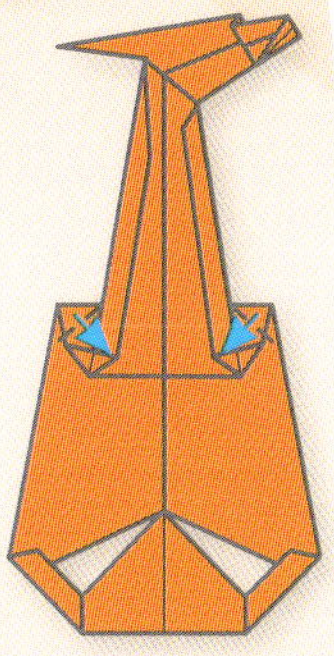

**22** Die beiden oberen Ecken nach innen falten: Das sind die Schultern.

**23** Kopf und Körper von Glurak sind fertig.

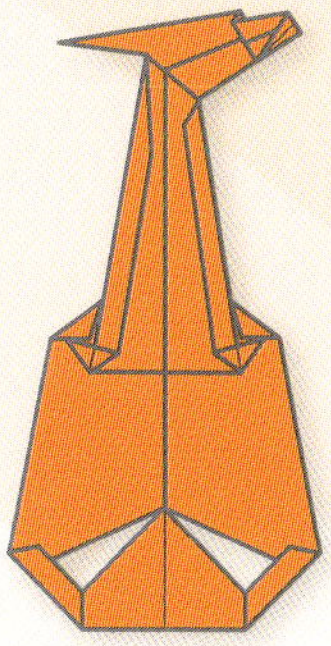

### So faltest du die Beine:

Lege das Dreieck für die Beine so hin, dass die bedruckte Seite zu sehen ist und das Sternchen, das sich auf der weißen Seite des Papiers befindet, in der oberen Ecke ist.

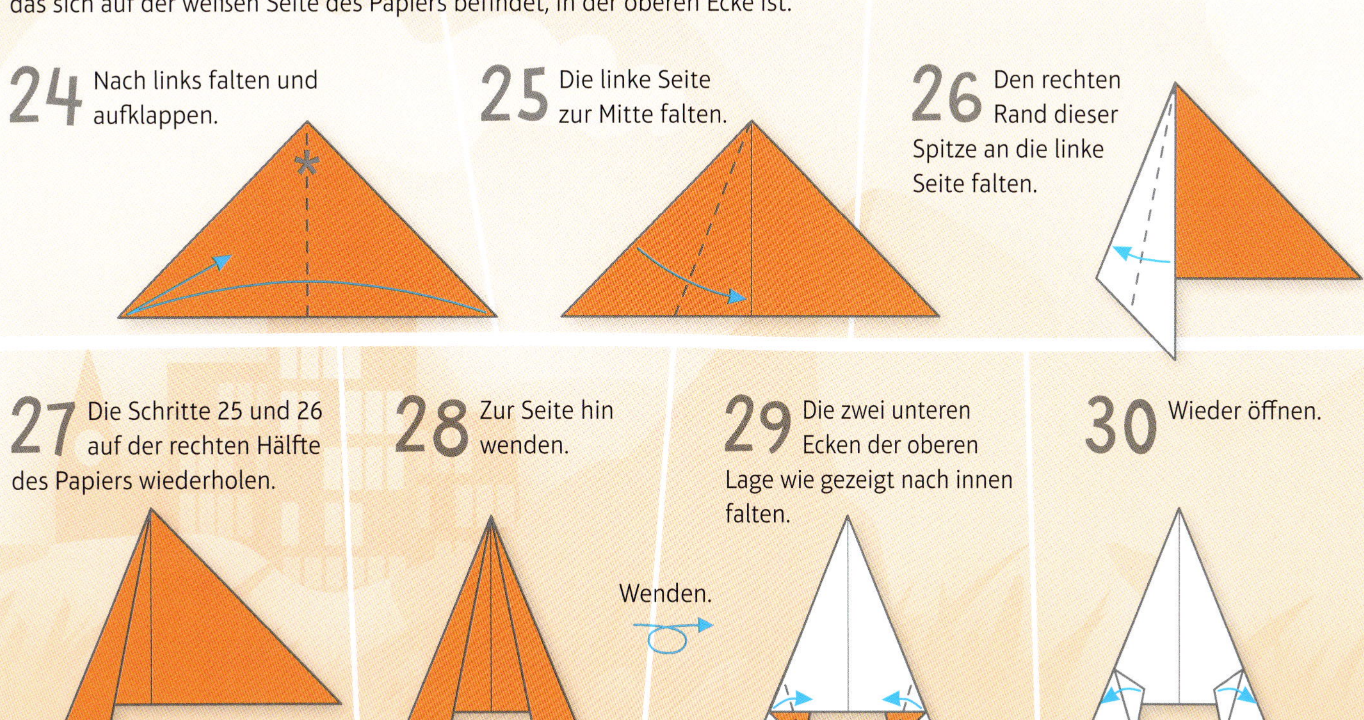


**24** Nach links falten und aufklappen.

**25** Die linke Seite zur Mitte falten.

**26** Den rechten Rand dieser Spitze an die linke Seite falten.

**27** Die Schritte 25 und 26 auf der rechten Hälfte des Papiers wiederholen.

**28** Zur Seite hin wenden.

**29** Die zwei unteren Ecken der oberen Lage wie gezeigt nach innen falten.

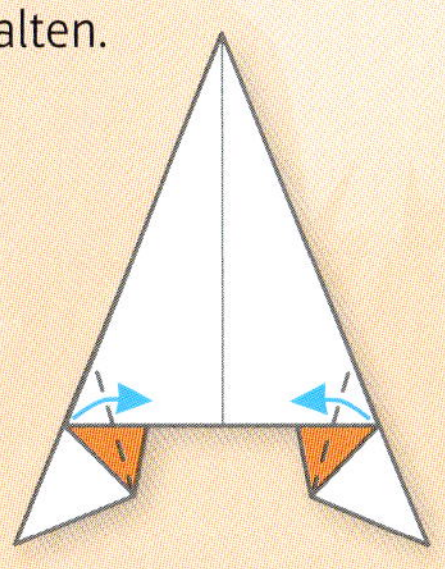

**30** Wieder öffnen.

**31** Den unteren Rand der oberen Lage nach oben ziehen und so flach drücken, dass das Papier aussieht wie auf Bild 32.

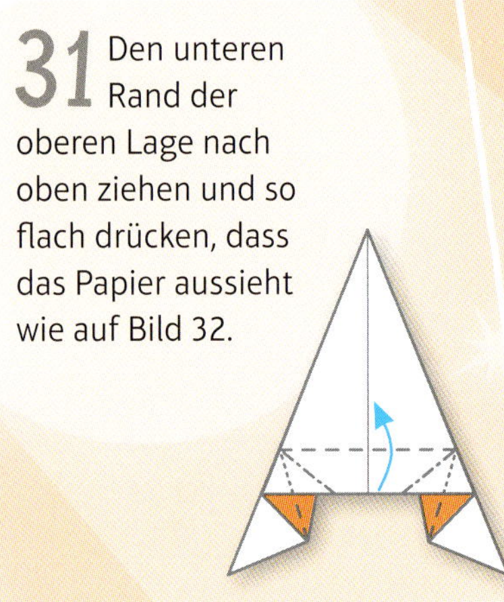

**32** Die obere Spitze nach unten falten und hinter die Lasche stecken. Dann die Enden der beiden unteren Spitzen wie gezeigt umknicken.

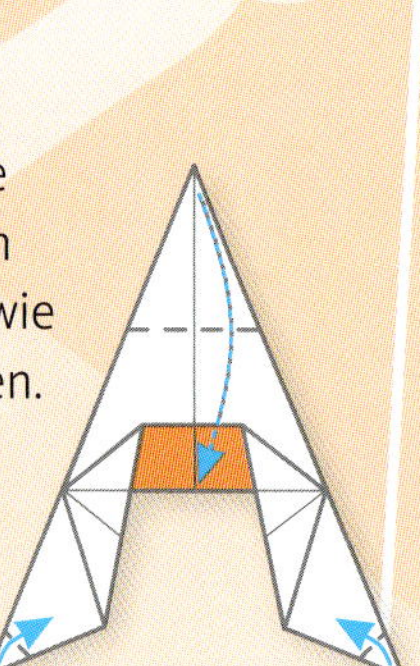

**33** Zur Seite hin wenden.

**34** Gluraks Beine sind fertig.

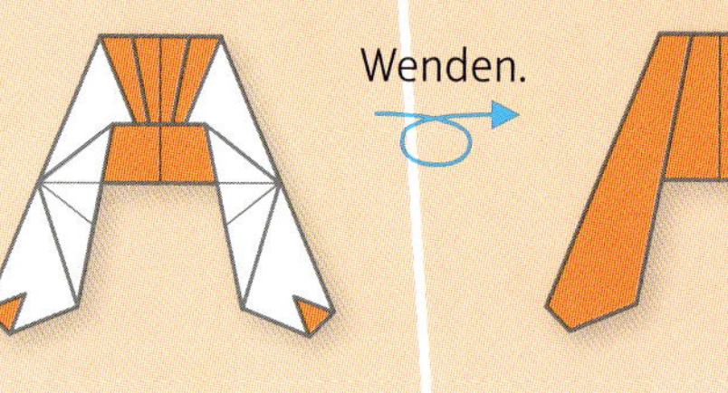


## So faltest du die Flügel:

Achte darauf, mit dem rechten Flügel zu beginnen. Lege das Dreieck so hin, dass die bedruckte Seite zu sehen ist und das Sternchen, das sich auf der weißen Seite befindet, nach oben zeigt.

**35** Als Erstes in die Mitte der rechten unteren Ecke einen kurzen Falz machen. Der wird in Schritt 41 benötigt.

**36** Die Schritte 25 und 26 wiederholen, sodass dein Papier aussieht wie auf Bild 37.

**37** Nun den rechten Rand an die innere Kante der linken Seite falten und wieder aufklappen. Die Spitze links unten wie gezeigt nach innen falten.

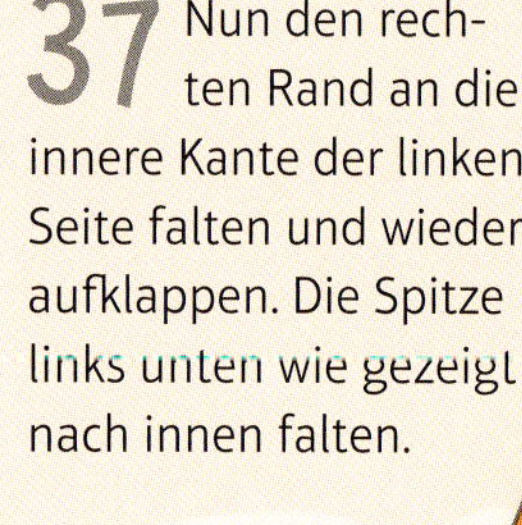

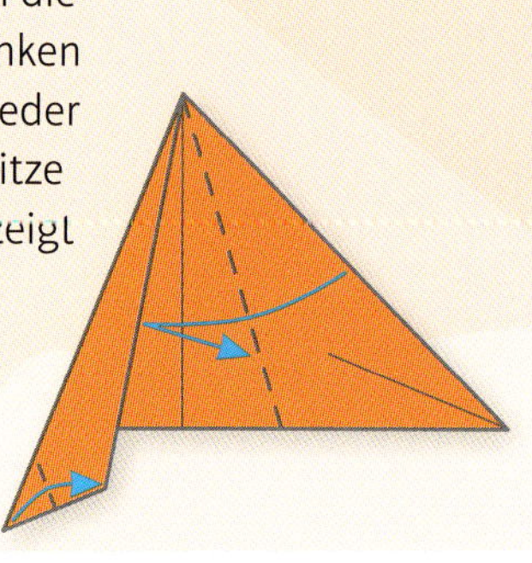

**38** Zur Seite hin wenden.

**39** Den linken Rand an den rechten Rand falten.

**40** Die obere Lage entlang der Falzlinie aus Schritt 37 nach links klappen.

**41** Den linken unteren Rand der linken Spitze zum Falz aus Schritt 35 falten und flach drücken. Auf Bild 42 siehst du, wie das aussehen soll.

**42** Die obere Spitze wie gezeigt nach unten falten und wieder aufklappen.

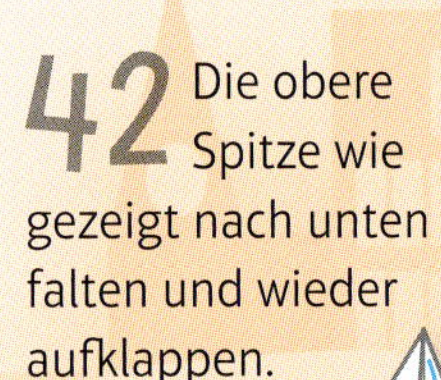

**43** Die Kreise zeigen dir, wie du die Spitzen der Flügeloberseiten faltest.

**44** Den oberen Teil des linken Rands zum Falz aus Schritt 42 herunterfalten und wieder aufklappen.

**45** Den oberen Teil des rechten Rands zum Falz aus Schritt 42 herunterfalten und wieder aufklappen.

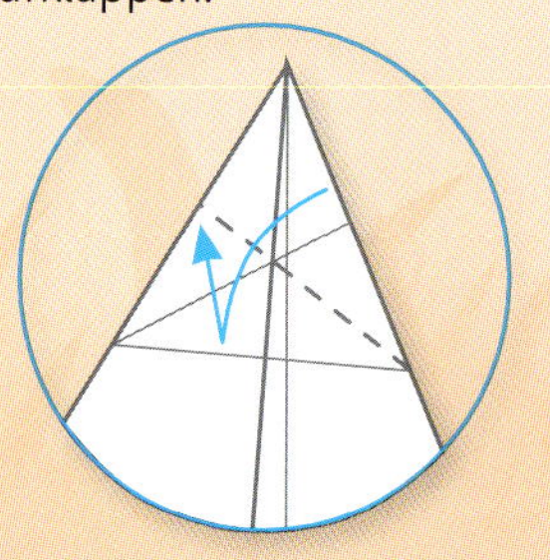

**46** Den oberen Teil des rechten Rands zum Falz aus Schritt 45 hin falten.

**47** Die linke Spitze der oberen Lasche nach rechts falten und flach drücken. Der dahinterliegende obere Teil des linken Rands bewegt sich mit und kommt im Falz aus Schritt 44 zu liegen.

**48** So soll das aussehen.

**49** Und so sieht der fertige Flügel aus.

**50** Falte nun den linken Flügel. Er wird auf die gleiche Art gemacht wie der rechte, nur spiegelverkehrt. Dann sind Gluraks Flügel fertig.

## So faltest du den Schwanz:

Falte zuerst die Schritte 1 bis 3 aus der Anleitung auf Seite 44.

**51** Öffne die Falten aus Schritt 3.

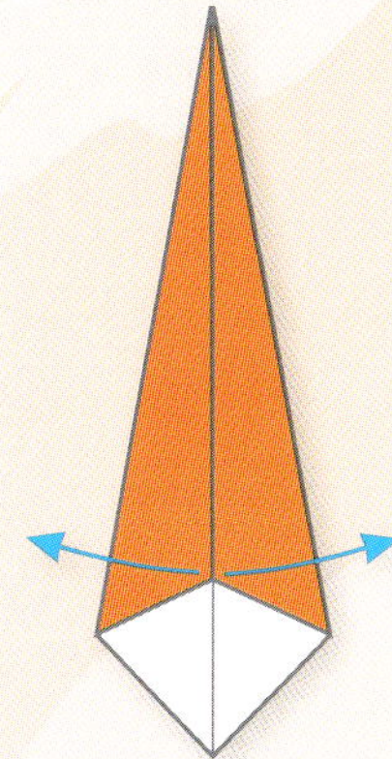

**52** Die obere Spitze wie gezeigt nach unten falten und wieder hochklappen.

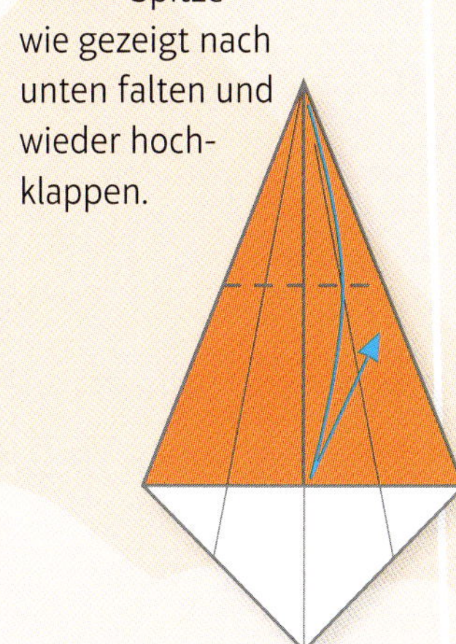

**53** Die Spitze nun bis zum Falz aus Schritt 52 falten und wieder hochklappen.

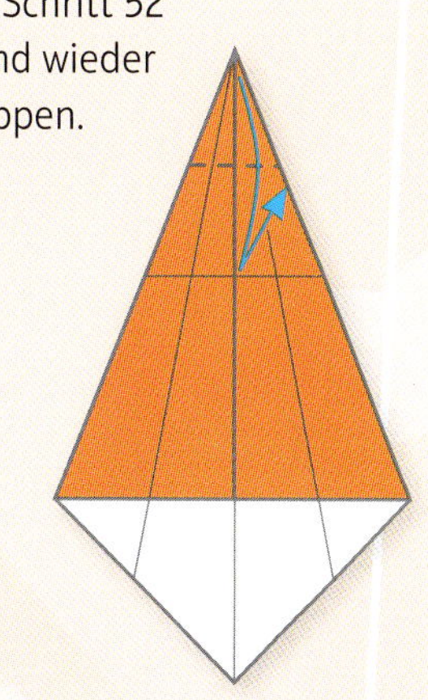

**54** Vorsichtig zwei kleine Schnitte entlang der Punktlinien machen, um einen Teil der Flammenquaste vom Schwanz abzusetzen. Schau auf Bild 55, wie das aussehen soll. Dann die unteren beiden Schrägen zur Mitte hochfalten.

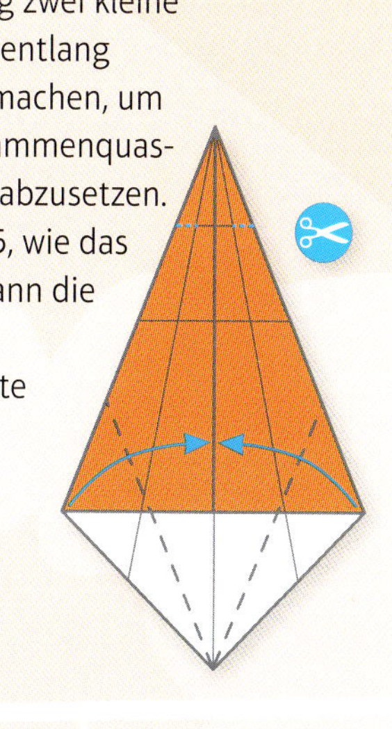

**55** Unter den Schnitten die Schrägen entlang der bestehenden Falzlinie nach innen falten.

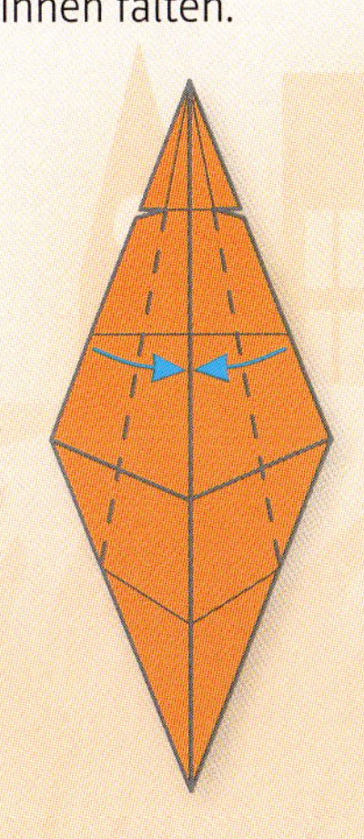

**56** Das Papier zur Seite hin wenden.

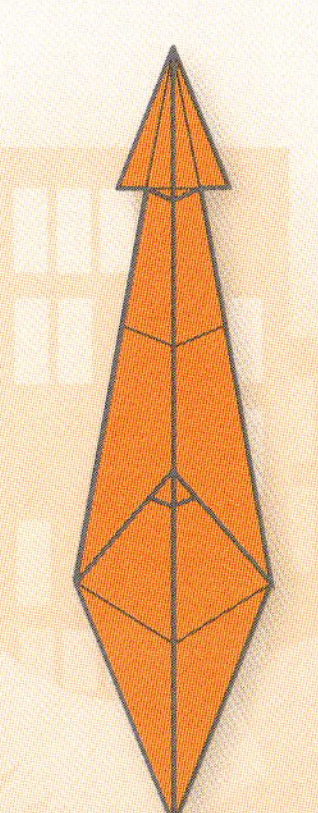

Wenden.

**57** Die untere Spitze wie gezeigt nach oben falten.

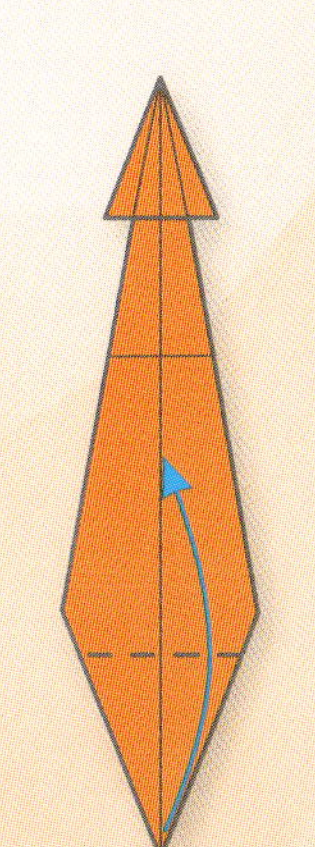

**58** Entlang des Mittelfalzes (Strichpunktlinie) nach hinten klappen.

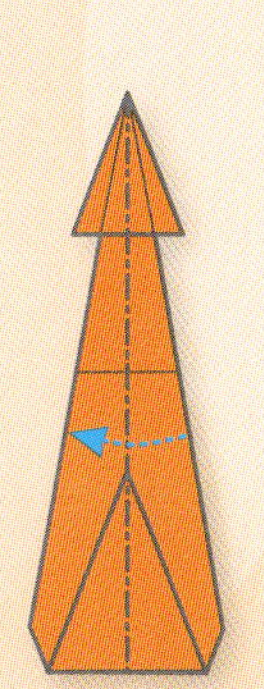

**59** Die Flammenquaste auseinanderziehen und flach drücken, sodass sie aussieht wie auf Bild 60.

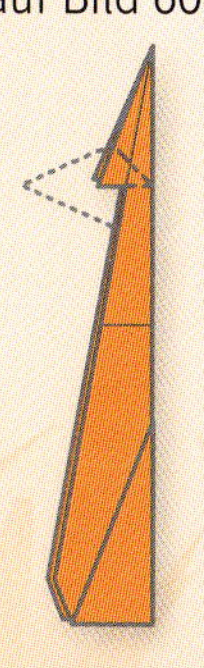

**60** Gluraks Schwanz ist fertig.

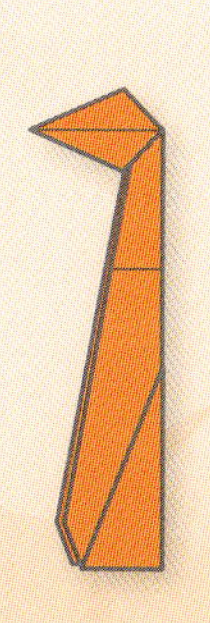

## So setzt du alles zusammen:

**61** Das ist Gluraks rechter Flügel. Beachte die Position der kleinen hinteren Lasche rechts unten, die mit der Punktlinie markiert ist.

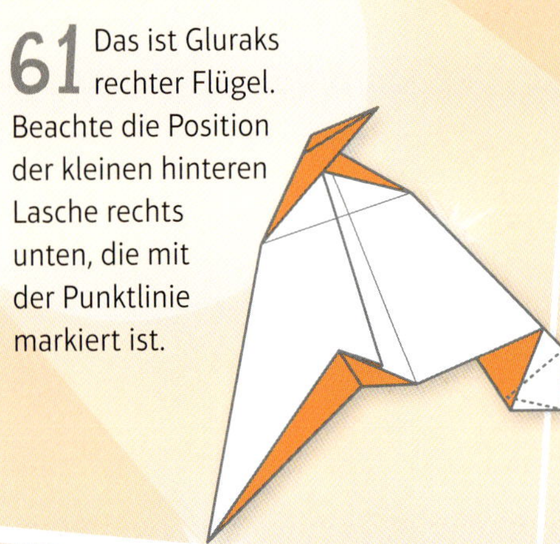

**62** Gib etwas Klebstoff auf die Stelle, die mit dem Kreis markiert ist. Stecke dann die kleine Lasche des Flügels an der mit dem Pfeil markierten Stelle hinter das Papier.

**63** Und so sieht das aus. Befestige den linken Flügel auf die gleiche Weise.

**64** Zur Seite hin wenden.

Wenden.

**65** Gib etwas Klebstoff auf die mit dem Kreis markierte Stelle und stecke sie in Gluraks Rücken. Bild 66 zeigt dir, wie das aussehen soll.

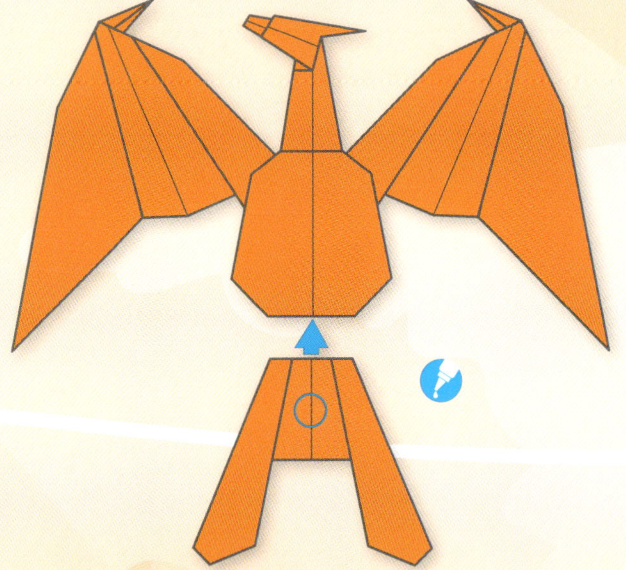

**66** Achte darauf, dass sich die Beine an den richtigen Stellen befinden. Auf dem Bild sind sie mit den beiden Kreisen markiert. Gib etwas Klebstoff auf die markierte Stelle am Schwanz (der untere Kreis) und stecke ihn hinter die Beine (Bild 67 zeigt seine Position).

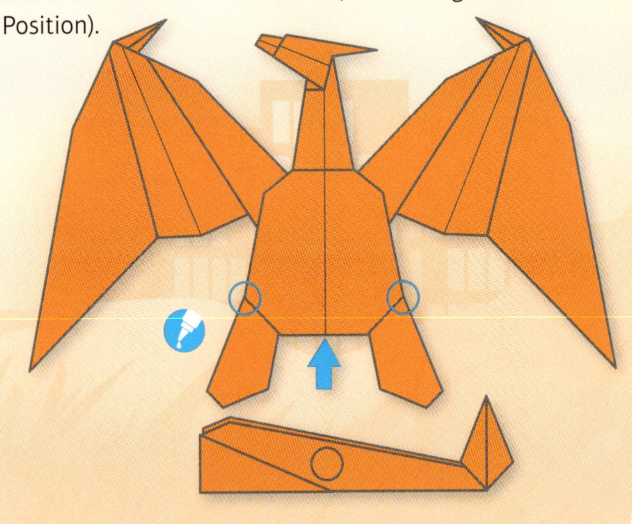

**67** Die Flamme soll den Flügel nicht berühren. Nun ist Glurak fertig.

Pikachu
Schneide den Bogen entlang der gestrichelten Linie aus!
**Die Anleitung findest du auf Seite 4.**

*

# Mampfaxo

Schneide den Bogen entlang der gestrichelten Linie aus!

**Die Anleitung findest du auf Seite 8.**

# Fynx

Schneide die drei Teile entlang der gestrichelten Linien aus!

**Die Anleitung findest du auf Seite 11.**

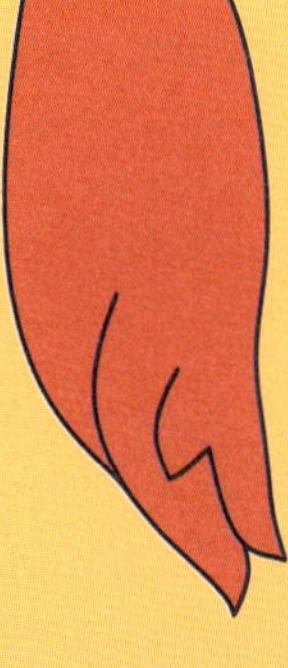

# Zurrokex

Schneide die drei Teile entlang der gestrichelten Linien aus!
**Die Anleitung findest du auf Seite 15.**

*

*

# Bisasam

Schneide den Bogen entlang der gestrichelten Linie aus!

**Die Anleitung findest du auf Seite 19.**

# Hydropi

Hydropi besteht aus zwei Teilen. Das Quadrat für die Schwanzflosse findest du auf Seite 63.

**Die Anleitung findest du auf Seite 23.**

# Gengar

Gengar besteht aus acht Teilen. Die sieben Quadrate für Arme, Beine, Stacheln und Schwanz findest du auf den Seiten 63 und 65.

**Die Anleitung findest du auf Seite 27.**

*

Die violetten Quadrate sind für Gengars Arme, Beine, Stacheln und Schwanz. Alle Teile sind gleich groß.
**Die Anleitung findest du auf Seite 27.**

Das blaue Quadrat ist für Hydropis Schwanzflosse.
**Die Anleitung findest du auf Seite 23.**

*

Diese Quadrate sind für Gengars Arme, Beine, Stacheln und Schwanz. Alle Teile sind gleich groß.
**Die Anleitung findest du auf Seite 27.**

# Serpifeu

Serpifeu besteht aus zwei Teilen. Das Dreieck für den Schweif findest du auf Seite 71.

**Die Anleitung findest du auf Seite 32.**

# Evoli

Evoli besteht aus zwei Teilen. Das Quadrat für den Schweif findest du auf Seite 71.

**Die Anleitung findest du auf Seite 37.**

*

Das braune Quadrat ist für Evolis Schweif.
**Die Anleitung findest du auf Seite 37.**

Das grüne Dreieck ist für Serpifeus Schweif.
**Die Anleitung findest du auf Seite 32.**

# Glurak

Glurak besteht aus fünf Teilen. Das Quadrat für den Schwanz findest du auf Seite 75, die Dreiecke für die Flügel auf Seite 77 und die Dreiecke für die Beine auf Seite 79.

**Die Anleitung findest du auf Seite 43.**

*

Schneide die Dreiecke für Gluraks Schwanz entlang der gestrichelten Linien aus!

**Die Anleitung findest du auf Seite 43.**

Schneide die Dreiecke für Gluraks Flügel entlang der gestrichelten Linien aus!
**Die Anleitung findest du auf** **Seite 43.**

Linker Flügel

Rechter Flügel

Schneide das Dreieck für Gluraks Beine entlang der gestrichelten Linie aus!
**Die Anleitung findest du auf Seite 43.**

*